KB039988

LEVEL UP TOPEL Jr.

2

북앤로드 book&road

Level Up TOPEL Jr. 2

초판 발행 2017년 10월 2일
초판 인쇄 2017년 9월 27일

글 쓴 이 (사) 한국역량개발평가원
기 획 (사) 한국역량개발평가원
감 수 (사) 한국역량개발평가원

펴 낸 이 최 영 민
펴 낸 곳 북앤로드
인 쇄 처 미래피앤피

주 소 경기도 파주시 신촌2로 24
전 화 031-8071-0088
팩 스 031-942-8688
이 메 일 pnpbook@naver.com

출판 등록 2015년 3월 27일
등록 번호 제406-2015-31호

I S B N 979-11-872-44-16-3 (63740)

Copyright@2017 KODES All Right Reserved

* 북앤로드는 피앤피북의 임프린트 명입니다.
* 저작권법에 의하여 국내에서 보호를 받는 저작물이므로 무단전재와 복제를 금지합니다.
* 잘못된 책이나 파본은 구입하신 서점에서 교환해 드립니다.

01 TOPEL Basic(Kids)

2006년부터 시행해온 PELT Kids의 노하우와 경험을 토대로 개발된 영어 입문 단계로 보다 전문화, 특성화된 공신력 있는 영어시험입니다. PBT 시험 및 Tablet PC로 시험을 보는 TBT 두가지 형태로 시험을 제공합니다. TBT 시험은 안드로이드 앱 스토어에서 데모버전을 다운로드하여 테스트 하실 수 있습니다.

급수	영역	문항	총점	시간	합격기준	응시료
1급	듣기	30	200점	35분	120점	25,000원
	읽기	6				
2급	듣기	30	200점	30분	120점	

02 TOPEL Jr.

TOPEL Jr.의 1~3급은 개인,가정,학교,사회생활 등에서 흔히 접할 수 있는 소재나 주제, 사람등 다양한 영역에 관한 재미있는 그림으로 제시되어 영어공부의 흥미를 돋구어 줍니다. 기본적인 영어 실력을 갖추고 있으면 어렵지 않게 합격할 수 있어 영어에 대한 자신감을 키워줍니다.

급수	영역	문항	총점	시간	합격기준	응시료
1급	듣기	33	200점	55분	120점	27,000원
	읽기	22				
	쓰기	5				
2급	듣기	32	200점	50분		
	읽기	18				
	쓰기	5				
3급	듣기	33	200점	45분		
	읽기	12				
	쓰기	5				

03 TOPEL Intermediate

교육부 기준의 중고등학교 교과과정의 어휘에 맞추어 출제되어 내신을 대비할 수 있습니다

급수	영역	문항	총점	시간	합격기준	응시료
1급.2급(3급)	듣기	30(30)	200점(200점)	70분(60분)	120점	29,000원
	어법	10(5)				
	어휘	10(5)				
	독해	15(15)				
	쓰기	5(5)				

04 TOPEL Intermediate Speaking & Writing

원어민 교수님과 1:1 말하기 평가를 실시하는 인터뷰 방식을 채택하고 있습니다. 영어 말하기, 쓰기 능력의 평가를 통해 각종 입시시 원어민과의 면접대비가 가능합니다.

구분	문제유형	내용	시간	총점	합격기준	응시료
Speaking	Step 1	Warm-up Conversation	30초	200점	1~8급	70,000원
	Step 2	Picture Description	2분			
	Step 3	Read & Talk	1분30초			
	Step 4	Impromptu Speech	2분			
Writing	문장완성하기/ 문장쓰기/ e-mail 답장쓰기/ 짧은작문		40분	200점		

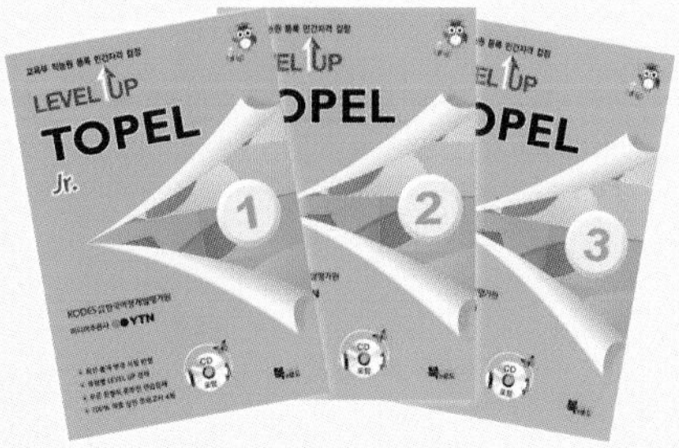

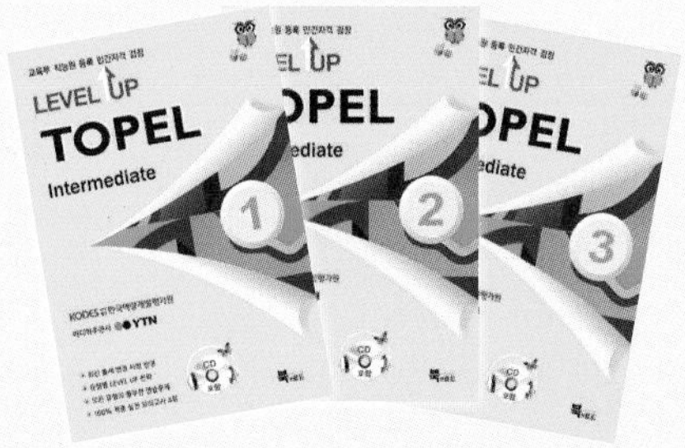

TOPEL 시험종류

TOPEL PBT

TOPEL은 1990년부터 전국단위 시험(구 PELT)을 시행해 온 유아 및 초·중·고등학교 대상의 시험으로서, 학생들 자신의 실력 평가가 가능한 체계화 된 시험입니다. 전국에 시험장을 운영하여 검정을 시행하며, 성적에 따라 전국, 지역별, 동연령별 순위분포 등을 알 수 있어 학습 성취 평가와 목표설정에 효과적입니다.

TOPEL IBT

현재 시행 중인 오프라인 TOPEL 자격 검정의 시간적·공간적 제약으로 인해 응시에 어려움을 겪고 있는 수요자의 고민을 해소하고자 IBT(Internet Based Test) 시스템을 적용해 응시자에게 편의성과 효율성을 제공합니다.

영어강사 자격증

실생활 및 교육과정에서 영어교육의 가치가 높아지면서 요구하는 강사의 수준 또한 함께 상승하고 있습니다. 이에 양질의 영어강사를 배출하고, 학습자로 하여금 보다 체계적인 교육을 제공하기 위해 영아강사 자격 검정을 시행합니다.

CAT-Scratch

Scratch는 주로 8~16세의 어린이·청소년을 대상으로 한 코딩 도구로 사용자에게 논리적이고 창의적인 사고 능력과 체계적 추론 능력을 향상 시키는데 큰 도움이 됩니다. CAT-Scratch 자격 검정을 통해 학습의지를 재고하고, 사고능력 향상에 기여하고자 합니다.

응시자 유의사항

1.원서접수 방법
소정양식의 응시원서를 작성하여 증명사진과 함께 전국지역본부 및 지정 접수처에 신청하거나 www.topel.or.kr 에서 인터넷 접수 하실 수 있습니다.

2. 합격자 발표
전국 지역본부 및 지정 접수처에서 발표하고, www.topel.or.kr 에서 인터넷 발표가 이루어집니다.

CAT-Scratch

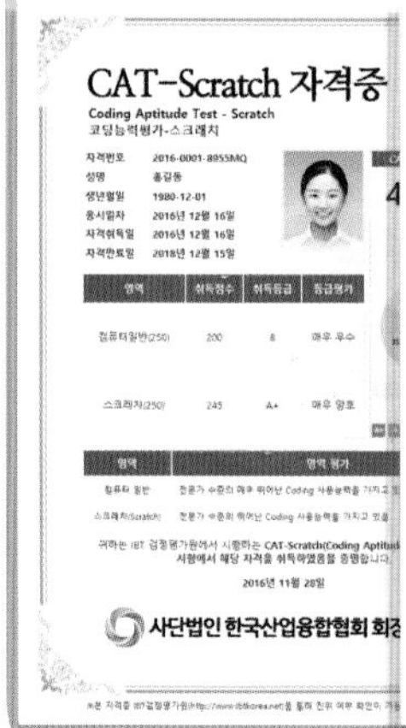

영어강사 자격증

TOPEL 성적표

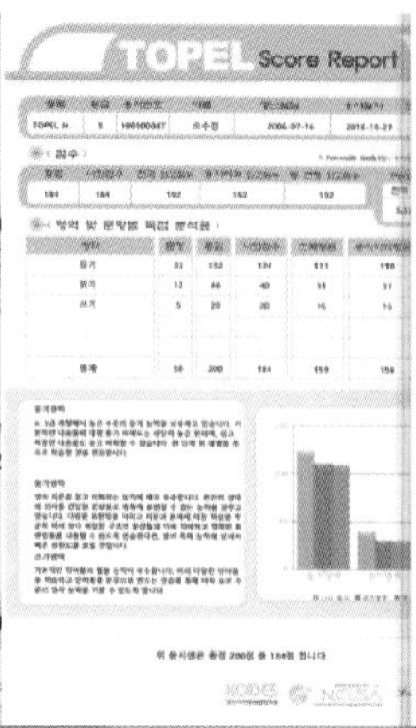

TOPEL 합격증

CONTENTS

교재 미리 보기 4

About TOPEL 6

유형분석 & 연습문제 14

실전 모의고사 1회 62

실전 모의고사 2회 82

실전 모의고사 3회 102

실전 모의고사 4회 122

별책 부록

정답 및 해설

오디오 CD 3장

LEVEL UP 교재 미리 보기

1 한눈에 파악되는 유형 분석 PART

샘플 문제의 분석을 통해 출제의도를 파악하고 모든 유형의 문제를 대비할 수 있습니다.

LEVEL UP! POINT

STUDY POINT

Study Point 코너에서는 최적의 학습 방법과 놓치지 말아야 할 학습 포인트를 확실하게 짚어 드립니다.

TIP

TIP 코너에서는 각 유형 문제마다 숨어있는 문제 해결의 핵심 비법을 알려 드립니다.

SCRIPT

오디오 음성을 듣고 스크립트의 빈칸을 채워 보세요. 듣기 능력이 나도 모르게 향상됩니다.

NEED TO KNOW

Need to Know 코너에서는 각 유형에서 자주 출제되는 단어나 표현들을 총정리하여 알려 드립니다.

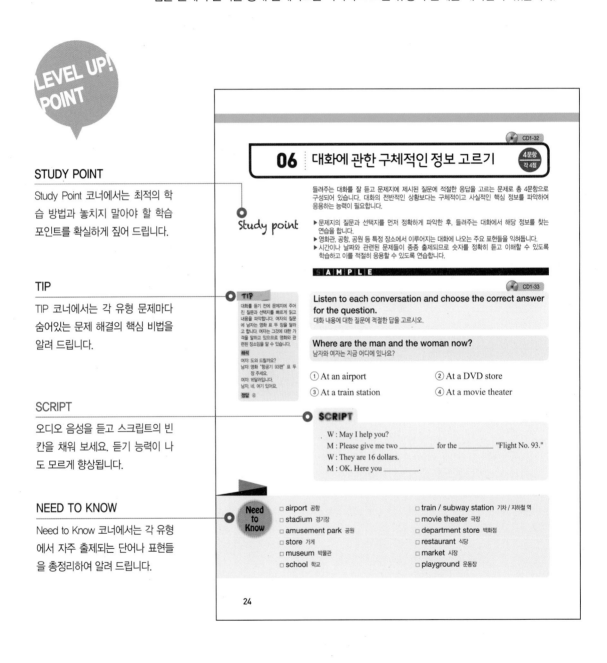

CD1-32

06 대화에 관한 구체적인 정보 고르기 (4문항 각 4점)

들려주는 대화를 잘 듣고 문제지에 제시된 질문에 적절한 응답을 고르는 문제로 총 4문항으로 구성되어 있습니다. 대화의 전반적인 상황보다는 구체적이고 사실적인 핵심 정보를 파악하여 응용하는 능력이 필요합니다.

Study point

▶ 문제지의 질문과 선택지를 먼저 정확하게 파악한 후, 들려주는 대화에서 해당 정보를 찾는 연습을 합니다.
▶ 영화관, 공항, 공원 등 특정 장소에서 이루어지는 대화에 나오는 주요 표현들을 익혀둡니다.
▶ 시간이나 날짜와 관련된 문제들이 종종 출제되므로 숫자를 정확히 듣고 이해할 수 있도록 학습하고 이를 적절히 응용할 수 있도록 연습합니다.

SAMPLE

CD1-33

Listen to each conversation and choose the correct answer for the question.
대화 내용에 대한 질문에 적절한 답을 고르시오.

Where are the man and the woman now?
남자와 여자는 지금 어디에 있나요?

① At an airport ② At a DVD store
③ At a train station ④ At a movie theater

TIP
대화를 듣기 전에 문제지에 주어진 질문과 선택지를 빠르게 읽고 내용을 파악합니다. 여자의 질문에 남자는 영화 표 두 장을 달라고 합니다. 여자는 그것에 대한 가격을 말하고 있으므로 영화와 관련된 장소임을 알 수 있습니다.

해석
여자: 도와 드릴까요?
남자: 영화 "항공기 93편" 표 두 장 주세요.
여자: 16달러입니다.
남자: 네. 여기 있어요.

정답 ④

SCRIPT

W : May I help you?
M : Please give me two ________ for the ________ "Flight No. 93."
W : They are 16 dollars.
M : OK. Here you ________.

Need to Know

□ airport 공항	□ train / subway station 기차 / 지하철 역
□ stadium 경기장	□ movie theater 극장
□ amusement park 공원	□ department store 백화점
□ store 가게	□ restaurant 식당
□ museum 박물관	□ market 시장
□ school 학교	□ playground 운동장

24

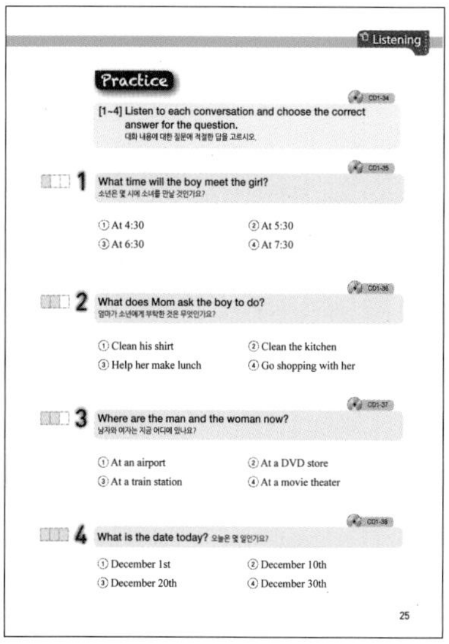

Listening

Practice

[1~4] Listen to each conversation and choose the correct answer for the question.
대화 내용에 대한 질문에 적절한 답을 고르시오.

1 What time will the boy meet the girl?
소년은 몇 시에 소녀를 만날 것인가요?

① At 4:30 ② At 5:30
③ At 6:30 ④ At 7:30

2 What does Mom ask the boy to do?
엄마가 소년에게 부탁한 것은 무엇인가요?

① Clean his shirt ② Clean the kitchen
③ Help her make lunch ④ Go shopping with her

3 Where are the man and the woman now?
남자와 여자는 지금 어디에 있나요?

① At an airport ② At a DVD store
③ At a train station ④ At a movie theater

4 What is the date today? 오늘은 몇 일인가요?

① December 1st ② December 10th
③ December 20th ④ December 30th

25

2

풍부한 문제를 제공하는 Practice Part

유형마다 출제되는 문제의 수가 다른 만큼, 많이 출제 되는 유형의 문제는 더 많은 연습문제를 제공하였습니다. 또한 쉬운 문제에서 어려운 문제 순서로, 문항마다 문제의 난이도를 블록 형태로 알아보기 쉽게 표시하였습니다.

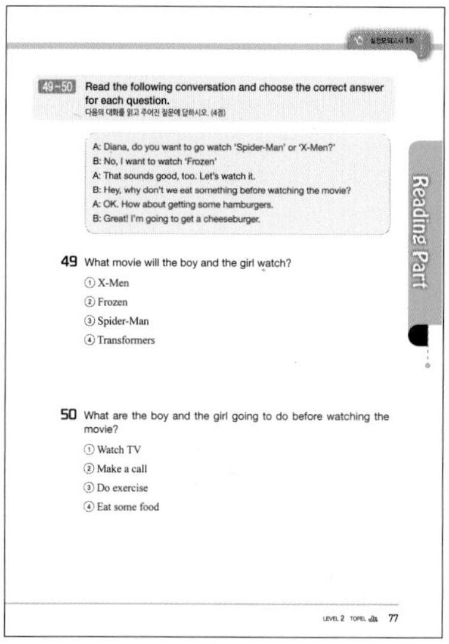

49~50 Read the following conversation and choose the correct answer for each question.
다음의 대화를 읽고 주어진 질문에 답하시오. (4점)

A: Diana, do you want to go watch 'Spider-Man' or 'X-Men?'
B: No, I want to watch 'Frozen'
A: That sounds good, too. Let's watch it.
B: Hey, why don't we eat something before watching the movie?
A: OK. How about getting some hamburgers.
B: Great! I'm going to get a cheeseburger.

49 What movie will the boy and the girl watch?
① X-Men
② Frozen
③ Spider-Man
④ Transformers

50 What are the boy and the girl going to do before watching the movie?
① Watch TV
② Make a call
③ Do exercise
④ Eat some food

Reading Part

LEVEL 2 TOPEL 77

3

적중 확률 높은 실전 모의고사 Part

좋은 점수를 받기 위해 반복된 실전 같은 연습만큼 확실한 준비 방법은 없습니다. 철저한 시험 분석을 통해, 가장 출제 확률 높은 문제들로 총 4회의 실전 모의고사를 구성하였습니다. 모의고사의 모든 문제는 TOPEL 출제진의 검수를 통해 최신 출제 경향을 반영하였습니다.

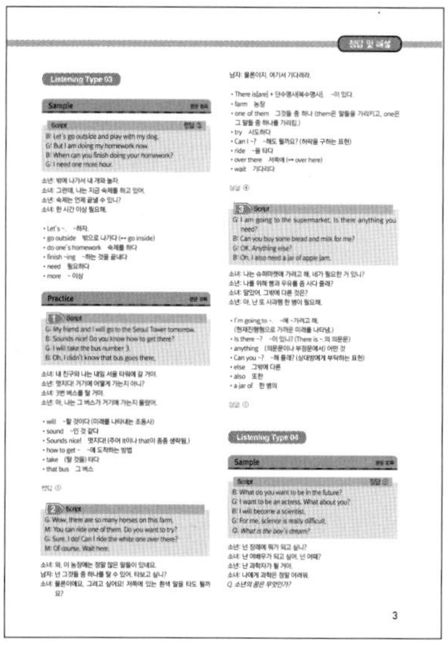

정답 및 해설

Listening Type 03

Sample

Practice

Listening Type 04

Sample

3

4

숨은 고득점의 비법 정답 및 해설 Part

고득점의 비밀은 오답노트에 있습니다. 내가 자주 하는 실수나 부족한 부분을 중심으로 하는 학습만큼 효과적인 학습 방법은 없습니다. LEVEL UP의 정답및해설은 단순히 답만 제공하는 것이 아니라 자주 출제되는 단어나 표현들을 풍부하게 제공합니다.

주관 및 시행 기관, 협력 단체 소개

KODES(한국역량개발평가원)

국비 지원 해외 취업과 해외 인턴십 사업을 지원하여 전문적 인재 양성에 기여하고 있으며, 미래를 준비하는 학생들을 위한 올바른 교육 컨텐츠 및 평가에 대한 연구 및 개발을 하고 있는 서울교육청 산하 비영리 사단법인입니다. TOPEL의 모든 평가 문제는 한국역량개발평가원의 검수를 통해 한층 완성도를 높이고 있습니다.

NELSA

국가공인 실용영어 검정 시행 및 한국직업능력개발원에 정식 등록된 민간자격 시험인 TOPEL의 전 종목의 시험을 시행합니다. 전국 다수의 지방자치단체와의 협약으로 국내 우수한 어린 인재들의 양성 및 소외 가정의 학생 지원을 위한 사업을 진행하고 있습니다.

tvM

tvM, 다문화 TV는 다양한 해외 문화와 한국문화의 융합 방송이라는 비전을 지향하고 있습니다. 다양한 국내외 관련 정보, 외국어, 현장 소개와 한국과 각 나라들의 문화적 괴리를 최소화 시키고 네트워크를 직접 연결하여 모두가 만족하고, 활용할 수 있는 정보 전달을 지향하고 있습니다. tvM은 TOPEL과 전략적인 협업을 통해 국제화 시대에 살고 있는 국내 젊은 일꾼 및 학생들의 외국어 능력 증진에 기여하고 있습니다.

시험 소개

국가공인 실용영어

1990년도에 개발되어, 2002년도에 국내 최초로 제1호 국가공인을 획득한 검증된 평가시험입니다. 영어의 4 Skill(Reading, Listening, Writing, Speaking) 영역에 대하여 단계적, 체계적으로 평가할 뿐 아니라 Speaking 능력을 평가하는데 있어 국내에서 유일하게 원어민과의 직접대면평가방식(FBT)을 채택하고 있는 종합영어 평가시험입니다.

민간자격 TOPEL

유아 및 초, 중, 고등학생 대상의 시험으로서, 학생들이 국가공인 시험 수준으로 자연스럽게 도달할 수 있도록 자신의 실력에 따라 수준별 평가가 가능한 체계화된 시험입니다. 국내 최고 많은 수의 초•중•고 학생들이 채택, 응시하고 있는 시험으로서 직업능력개발원에 정식으로 등록된 민간자격 영어 시험입니다.

국가공인 실용영어 및 TOPEL 평가 LINE UP

	민간자격 등록			국가공인 민간자격 시험	
단계 :	기초단계	초급단계	중급단계	고급단계	
대상 :	유치부~초등2년	초등3년~초등6년	중•고생	대학생•성인	
종목 :	TOPEL kids (1~2급)	TOPEL Jr. (1~3급)	TOPEL Int. (1~3급)	실용영어1차 RC/LC	실용영어2차 S/W
영역 :	RC/LC	RC/LC/W	RC/LC/W	RC/LC	S/W

원어민 면접관 대면 방식 말하기 시험

Intermediate Speaking Test	Plus Speaking Test

TOPEL Jr. 레벨 구성

구분	TOPEL Jr. 1급	TOPEL Jr. 2급	TOPEL Jr. 3급
문항 수	총 60문항	총 55문항	총 50문항
문항 구성	듣기 33문항 읽기 22문항 쓰기 5문항	듣기 32문항 읽기 18문항 쓰기 5문항	듣기 33문항 읽기 12문항 쓰기 5문항
문항 형태	객관식 및 주관식	객관식 및 주관식	객관식 및 주관식
단일 문장	1문장 12단어 내외	1문장 10단어 내외	1문장 7단어 내외
대화 턴 방식	5행 (ABABA)	4행 (ABAB)	3행 (ABA)
지문의 길이	65단어 내외	40단어 내외	30단어 내외
시험 시간	55분	50분	45분
총점	200점	200점	200점
합격 점수	120점	120점	120점

TOPEL Jr. 평가 기준

- TOPEL Jr.는 생활에서 흔히 접할 수 있는 다양한 소제와 주제를 활용하여 단어, 문장, 대화, 글 등을 얼마나 잘 이해하고 표현하는지를 듣기, 읽기, 쓰기 영역을 통해 세분화하여 종합적으로 측정합니다.
- 듣기, 읽기, 쓰기와 같이 총 세 가지 영역으로 구성되어 있습니다. 듣기 시험의 경우 녹음 내용을 두 번 들려줍니다. 4지 선다형의 객관식 및 주관식(절충형)으로 출제 됩니다.
- 전체 취득 점수인 200점의 60%인 120점 이상을 취득한 경우, 합격으로 인정되어 합격증이 발급됩니다.

TOPEL Jr. 2급 유형 구성

TOPEL Jr.의 시험은 듣기, 읽기, 쓰기의 전 영역을 다루는 종합적인 평가 시험입니다. 또한 각기 설정된 난이도 기준에 따라 어린이들이 활동하는 범위를 가정생활, 학교생활, 사회생활로 구분한 뒤, 그 과정에서 체험하게 되는 여러 제반 상황 등을 기본적인 영어로 구성하여 어린이들이 이를 듣고, 제시된 그림에서 답을 고르게 하거나, 또는 제시된 글을 읽고 요구하는 답을 고르는 형식으로 이루어져 있습니다.

평가영역	TOPEL Jr. 2급 문제 유형	문항 수	배 점	시험 시간
Listening	1. 들려주는 단어나 어구를 듣고 일치하는 그림 고르기	4	8	약 30분
	2. 들려주는 문장을 듣고 일치하는 그림 고르기	4	12	
	3. 대화를 듣고 질문에 답하기 (삽화선택지)	4	12	
	4. 대화와 질문을 듣고 답하기 (삽화선택지)	5	20	
	5. 담화를 듣고 그림 고르기	1	4	
	6. 대화를 듣고 질문에 답하기 (문자선택지)	4	16	
	7. 적절한 응답을 골라 대화 완성하기	4	16	
	8. 시각자료에 대한 설명 이해하기	2	8	
	9. 그림 묘사하기	1	4	
	10.자연스런 대화의 흐름 이해하기	3	12	
Total		32	112	
Reading	1. 단어 찾기	2	4	약 20분
	2. 어법상 잘못된 문장 고르기	2	8	
	3. 문맥에 알맞은 단어 골라 문장 완성하기	3	12	
	4. 주어진 문장과 유사한 문장 고르기	3	12	
	5. 대화를 읽고 문맥에 알맞은 문장을 골라 대화완성하기	3	12	
	6. 자연스런 대화 꾸미기	1	4	
	7. 시각자료 이해하기 (1지문 2문항)	2	8	
	8. 대화문 이해하기 (1지문 2문항)	2	8	
Total		18	68	
Writing	1. 그림 보고 주어진 철자 중 알맞은 것을 골라 단어 완 성하기	2	8	
	2. 그림 보고 주어진 단어 중 알맞은 것을 골라 배열하여 문장 완성하기	2	8	
	3. 그림 보고 주어진 단어 중 알맞은 것을 골라 문장 완성하기	1	4	
Total		5	20	
TOPEL Jr. 2급 Total		**55**	**200**	**약 50분**

상장 및 성적표

성적표

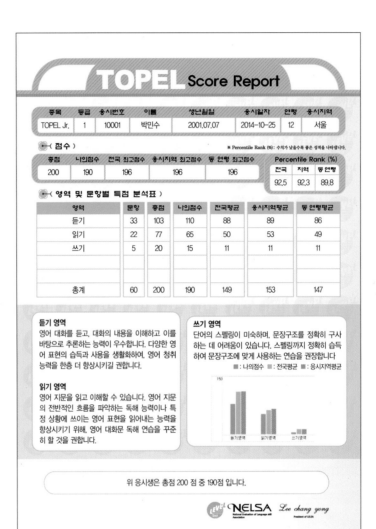

TOPEL Score Report

종목	등급	응시번호	이름	생년월일	응시일자	연령	응시지역
TOPEL Jr.	1	10001	박민수	2001.07.07	2014-10-25	12	서울

(점수)

※ Percentile Rank (%): 수치가 낮을수록 좋은 성적을 나타냅니다.

총점	나의점수	전국 최고점수	응시지역 최고점수	동 연령 최고점수
200	190	196	196	196

Percentile Rank (%)

전국	지역	동 연령
92.5	92.3	89.8

(영역 및 문항별 득점 분석표)

영역	문항	총점	나의점수	전국평균	응시지역평균	동 연령평균
듣기	33	103	110	88	89	86
읽기	22	77	65	50	53	49
쓰기	5	20	15	11	11	11
총계	60	200	190	149	153	147

듣기 영역
영어 대화를 듣고, 대화의 내용을 이해하고 이를 바탕으로 추론하는 능력이 우수합니다. 다양한 영어 표현의 습득과 사용을 생활화하여, 영어 청취 능력을 한층 더 향상시키길 권합니다.

읽기 영역
영어 지문을 읽고 이해할 수 있습니다. 영어 지문의 전반적인 흐름을 파악하는 독해 능력이나 특정 상황에 쓰이는 영어 표현을 읽어내는 능력을 향상시키기 위해, 영어 대화문 독해 연습을 꾸준히 할 것을 권합니다.

쓰기 영역
단어의 스펠링이 미숙하며, 문장구조를 정확히 구사하는 데 어려움이 있습니다. 스펠링까지 정확히 습득하여 문장구조에 맞게 사용하는 연습을 권장합니다

■: 나의점수 ■: 전국평균 ■: 응시지역평균

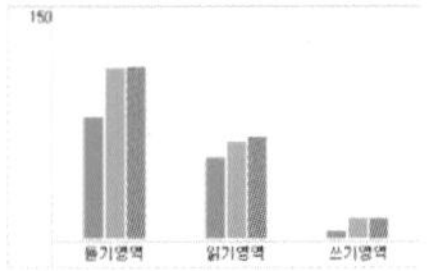

위 응시생은 총점 200 점 중 190점 입니다.

NELSA National Evaluation of Language skill Association

Lee chang yong
President of LELSA

자격증

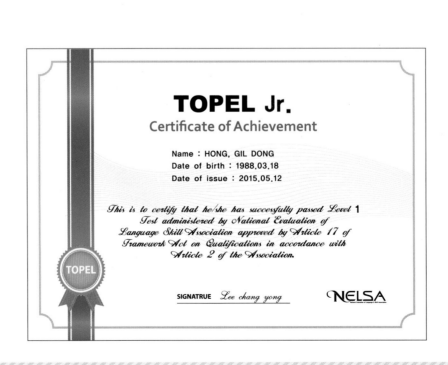

TOPEL Jr.

Certificate of Achievement

Name : HONG, GIL DONG
Date of birth : 1988.03.18
Date of issue : 2015.05.12

This is to certify that he/she has successfully passed Level 1 Test administered by National Evaluation of Language Skill Association approved by Article 17 of Framework Act on Qualifications in accordance with Article 2 of the Association.

TOPEL

SIGNATRUE *Lee chang yong*

NELSA

TOPEL Jr.에 관한 Q & A

Q 어떤 급수를 응시하면 좋을까요?

A TOPEL Jr.는 초등학생이 가장 많이 응시하는 시험입니다.
초등 2~4학년은 TOPEL Jr. 3급, 초등 4~5학년은 TOPEL Jr. 2급, 초등 5~6학년은 TOPEL Jr. 1급을 대체적으로 많이 응시하고 있습니다. 그렇지만 TOPEL의 모든 시험은 능숙도 시험으로서 자신의 영어 실력에 맞는 단계를 선택하는 것이 영어에 대한 자신감과 학습동기를 올릴 수 있는 바람직한 선택입니다.

Q 시험 신청은 어떻게 하나요?

A 시험 신청은 인터넷 신청과 방문 신청 두 가지 방법으로 하실 수 있습니다. 인터넷 신청은 TOPEL 홈페이지(www.topel.or.kr)에서 가능합니다. 방문 접수의 경우 시험장 기준 해당 지역본부로 방문하여 신청 하시면 됩니다. 인터넷 신청은 접수 기간에만 가능하며, TOPEL 지역 본부의 주소와 연락처는 홈페이지 (www.topel.or.kr)에서 확인할 수 있습니다.

Q 시험 준비물은 무엇이 있나요?

A 시험 신청 후 시험장에 갈 때 필요한 준비물은 신분증과 응시표, 그리고 필기구입니다. 초등학생이 TOPEL Jr. 시험 볼 경우 신분증 없이 사진이 부착된 응시표만 준비하면 되지만 국가공인 실용영어 1차, 2차와 같은 경우는 반드시 신분증이 필요합니다. 필기구는 컴퓨터용 연필과 지우개를 준비하시면 됩니다.

Q 합격 확인은 어떻게 하나요?

A 시험 합격 확인은 TOPEL 홈페이지(www.topel.or.kr)에서 조회 가능합니다. 사전 공지된 시험 발표일 오전 9시 30분 이후에 확인 가능합니다. 또한 시험을 신청하신 해당 지역 본부로 연락하시면 합격 여부와 각종 정보를 얻으실 수 있습니다.

Q 자격증은 어디에 활용할 수 있나요?

A 국제중학교, 특목고, 외고 등 중 · 고등학교 및 대학 입시 때 적용되는 입학사정에 필요한 개인포트폴리오를 작성하여 중요한 참고 자료로 활용할 수 있습니다.

TOPEL Jr.

2
LEVEL

LevelUp

유형 분석 & 연습문제

Listening

Reading

Writing

Section 1 Listening

CD1-02

01 단어나 어구의 의미를 나타내는 그림 고르기

4문항
각 2점

들려주는 단어나 어구를 잘 듣고 그 의미를 가장 잘 나타낸 그림을 고르는 문제로 총 4문항으로 구성되어 있습니다. 단어나 어구를 잘 듣고 그 의미와 발음하는 소리를 정확히 구분하는 능력이 필요합니다.

Study point

▶단어의 경우는 주로 주제별 비슷한 단어가 그림 선택지에 나오기 때문에 같은 종류나 주제를 중심으로 단어를 다양하게 익힙니다.

▶단어나 어구를 듣기 전에 각 그림 선택지를 살펴보고 해당하는 단어를 떠올리는 연습을 합니다.

SAMPLE

CD1-03

Listen to each word or phrase and choose the one that best shows the meaning.
들려주는 단어나 어구를 그림으로 가장 잘 나타낸 것을 고르시오.

①

②

③

④

TIP

문제지에 나온 그림들을 보면 소녀가 카드를 가지고 무엇인가를 하고 있습니다. 따라서 카드와 관련해서 어떤 행동을 하는지 동사에 주의하여 듣도록 합니다.

해석
카드 만들기

정답 ①

SCRIPT

Making a __________

Need to Know

쓰기	읽기
• December 25, 2015 • December 25th, 2015 • Dec. 25, 2015 • 12/25/2015	• December the twenty-fifth / twenty five, twenty fifteen (날짜는 서수로 읽고, 연도는 두 자리로 끊어 읽습니다.)

Practice

CD1-04

[1~3] Listen to each word or phrase and choose the one that best shows the meaning.

들려주는 단어나 어구를 그림으로 가장 잘 나타낸 것을 고르시오.

CD1-05

1

①

②

③

④

CD1-06

2

①

②

③

④

CD1-07

3

①

②

③

④

CD1-08

02 문장의 의미를 나타내는 그림 고르기

4문항
각 3점

들려주는 문장을 듣고 그 의미를 가장 잘 나타낸 그림을 고르는 문제로 총 4문항으로 구성되어 있습니다. 문장을 주의 깊게 듣고 핵심이 되는 단어나 어구를 파악하는 능력이 필요합니다.

Study point

▶ 품사별로 단어들을 익히되, 특히 다양한 동사, 명사, 형용사의 의미를 익혀둡니다.
▶ 동사의 진행형과 과거시제, 명사의 복수 형태 등 단어의 여러 형태를 두루 학습합니다.
▶ 문장을 듣기 전 주어진 각 그림 선택지를 살펴보고 차이점에 초점을 맞추어 듣습니다.

SAMPLE

CD1-09

Listen to each sentence and choose the one that best shows the meaning.
들려주는 문장을 그림으로 가장 잘 나타낸 것을 고르시오.

①

②

③

④

SCRIPT

I am wearing __________ __________.

TIP

문장을 듣기 전에 먼저 문제지의 그림 선택지를 살펴봅니다. 네 개의 그림을 보면, 소녀가 각각 다른 옷을 입고 있습니다. 옷의 모양을 표현하는 어구에 주의하여 듣도록 합니다.

해석
나는 짧은 바지를 입고 있습니다.

정답 ③

Need to Know

□ shirt 셔츠	□ pants 바지 (항상 복수로 씀)
□ sweater 스웨터	□ one piece 원피스
□ skirt 치마	□ jacket 재킷
□ blouse 블라우스	□ coat 코트
□ jumper 점퍼	□ short pants 반바지
□ socks 양말	□ tie 타이, 넥타이
□ hat 모자	□ shoes 신발

Practice

CD1-10

[1~3] Listen to each sentence and choose the one that best shows the meaning.
들려주는 문장을 그림으로 가장 잘 나타낸 것을 고르시오.

CD1-11

1

① 

② 

③ 

④ 

CD1-12

2

① 

② 

③ 

④ 

CD1-13

3

① 

② 

③ 

④ 

CD1-14

03 대화를 듣고 질문에 적절한 그림 고르기

4문항
각 3점

두 사람의 대화를 듣고, 문제지에 제시된 질문에 대한 응답으로 적절한 그림을 고르는 문제로 총 4문항이 출제됩니다. 대화의 상황이나 구체적인 정보를 정확하게 파악하는 능력을 측정합니다.

Study point

▶ 대화를 나누는 장소나 상황별로 다양한 대화를 가지고 학습합니다.
▶ 대화를 들으며 대화의 주제나 대화하는 사람들간의 관계 등을 파악하는 연습을 합니다.
▶ 대화에 나오는 숫자나 장소, 핵심 어구에 집중하여 듣습니다.
▶ 대화를 듣기 전 질문과 문제지에 제시된 그림을 먼저 파악하여 그에 해당하는 내용 중심으로 듣습니다.

SAMPLE

CD1-15

Listen to each conversation and choose the correct answer for the question.
대화 내용에 대한 질문에 적절한 답을 고르시오.

What is the girl doing now? 소녀는 지금 무엇을 하고 있나요?

① 

② 

③ 

④ 

SCRIPT

B : Let's __________ outside and __________ with my dog.
G : But I am __________ my __________ now.
B : When can you __________ doing your homework?
G : I need one __________ hour.

TIP

소년이 밖에 나가서 자신의 개와 놀자고 소녀에게 제안하는데, 소녀는 숙제를 하고 있다고 하면서 숙제를 끝내는 데는 한 시간 정도 더 필요하다고 말하고 있습니다. 따라서 지금 소녀가 무엇을 하고 있는지 알 수 있습니다.

해석
소년: 밖에 나가서 내 개와 놀자.
소녀: 그런데, 나는 지금 숙제를 하고 있어.
소년: 숙제는 언제 끝낼 수 있니?
소녀: 한 시간 이상 필요해.

정답 ③

Need to Know

□ take ~(탈것)을 타다 take a bus [taxi, subway, train, plane]
□ get on ~ ~을 타다 (↔ get off)
□ get in ~ ~에 타다 (↔ get out of)
□ by + 이동 수단 ~(이동수단)으로 by bus [taxi, subway, train, plane, ship]
□ on foot 도보로

Practice

CD1-16

[1~3] Listen to each conversation and choose the correct answer for the question.
대화 내용에 대한 질문에 적절한 답을 고르시오.

CD1-17

1 What is the number of the bus she will take?
소녀가 탈 버스는 몇 번인가요?

① 

② 

③ 

④ 

CD1-18

2 What will the girl do after the conversation?
대화 후 소녀가 할 일은 무엇인가요?

① 

② 

③ 

④ 

CD1-19

3 What does the boy NOT need now?
소년이 지금 필요로 하지 않는 것은 무엇인가요?

① 

② 

③ 

④ 

CD1-20

04 대화와 이어지는 질문을 듣고 적절한 그림 고르기

5문항 각 4점

들려주는 대화와 이어지는 질문을 잘 듣고 질문에 대한 응답으로 적절한 그림을 고르는 문제로 총 5문항으로 구성되어 있습니다. 대화의 상황이나 구체적인 정보 등을 파악하는 능력이 필요합니다.

Study point

▶특정 장소나 특별한 상황에 나올 수 있는 다양한 대화를 가지고 학습합니다.
▶의문사를 이용한 다양한 질문을 듣고 정확히 이해할 수 있도록 학습합니다.
▶질문을 대화 후에 듣게 되므로 그림 선택지를 보고 질문을 예상할 수 있도록 연습합니다.

SAMPLE

CD1-21

Listen to each conversation and the following question. Then choose the correct answer.
대화를 듣고 이어서 들려주는 질문에 적절한 답을 고르시오.

①

②

③

④

SCRIPT

B: What do you want to be in the __________?

G: I want to be an __________. What about you?

B: I will become a __________.

G: For me, science is really __________.

Q. What is the boy's dream?

TIP

대화 속에서 소년과 소녀는 장래에 무엇이 되고 싶은가에 대해 이야기하고 있습니다. 소녀는 여배우가 되고 싶어 하고, 소년은 과학자가 되고 싶다고 했습니다.

해석

소년: 장래에 무엇이 되고 싶니?
소녀: 나는 여배우가 되고 싶어. 너는 어때?
소년: 나는 과학자가 될 거야.
소녀: 나에게 과학은 정말 어려워.
Q: 소년의 꿈은 무엇인가요?

정답 ①

Need to Know

□ actor/actress 배우/여배우
□ teacher 선생님
□ police officer 경찰관
□ pilot 비행기 조종사
□ singer 가수
□ scientist 과학자
□ doctor 의사
□ firefighter 소방관
□ writer 작가
□ movie director 영화 감독

Practice

CD1-22

[1~3] Listen to each conversation and the following question. Then choose the correct answer.

대화를 듣고 이어서 들려주는 질문에 적절한 답을 고르시오.

CD1-23

1

① 

② 

③ 

④ 

CD1-24

2

① 

② 

③ 

④ 

CD1-25

3

① 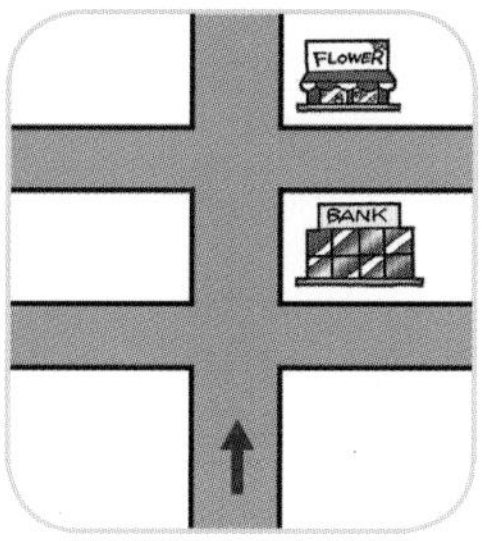

② 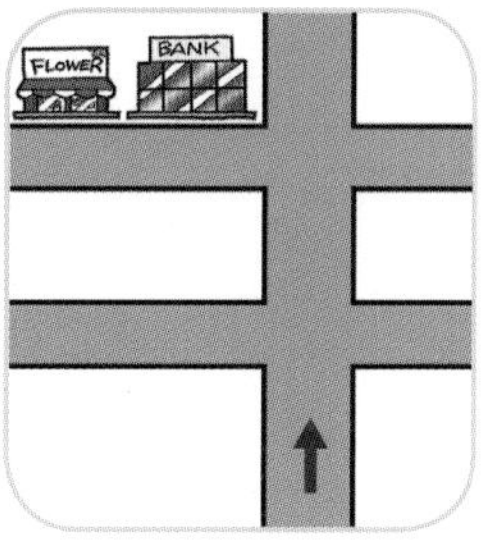

③ 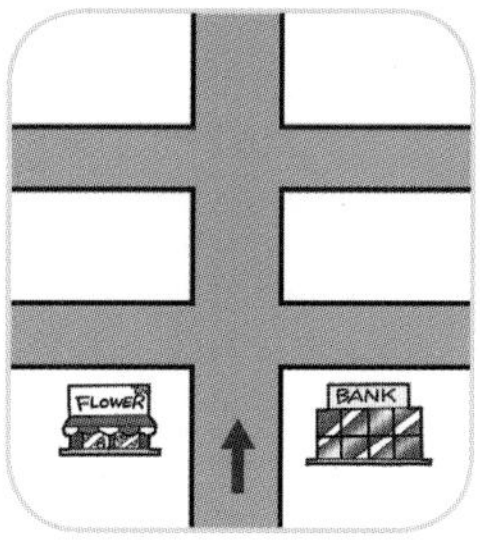

④ 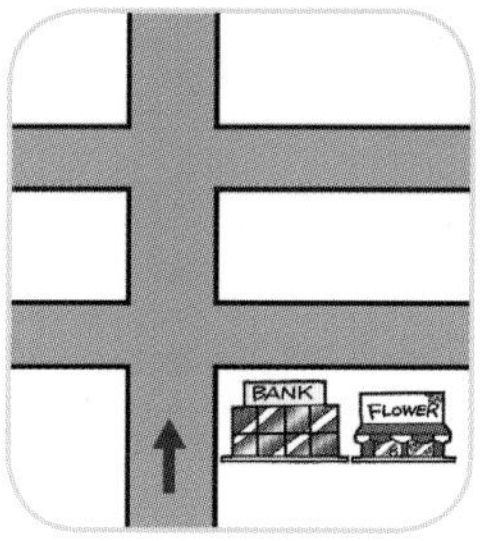

CD1-26

05 담화를 듣고 그림 고르기

1문항 각 4점

들려주는 담화를 잘 듣고, 그 내용을 가장 잘 나타낸 그림을 고르는 문제로 총 1문항으로 구성되어 있습니다. 담화의 핵심 내용과 언급된 다양한 표현들을 잘 이해하는 능력이 필요합니다.

Study point

▶ 들려주는 담화의 내용이 중점적으로 전달하고자 하는 상황을 주의 깊게 듣습니다.
▶ 특정 사물의 형태나 쓰임, 인물의 외형 묘사나 인상착의를 설명하는 문제가 종종 출제되므로 이와 관련해서 자주 쓰이는 주요 표현들을 익혀둡니다.
▶ 그림 선택지를 먼저 살펴보고, 어떤 내용이 나올지 미리 추측하며 듣습니다.

SAMPLE

CD1-27

Listen and choose the one that best shows what you hear.
들려주는 내용을 그림으로 가장 잘 나타낸 것을 고르시오.

①

②
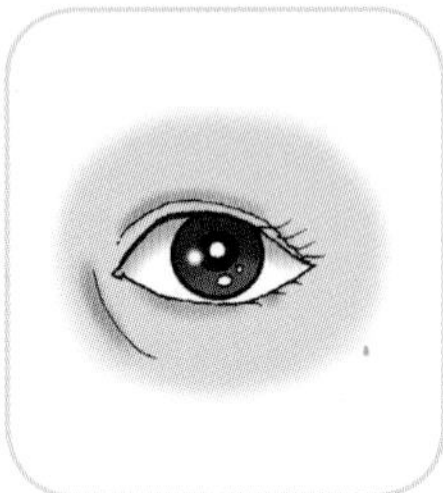
③

④
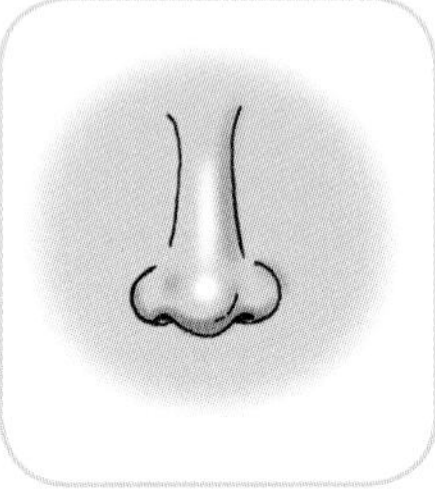

SCRIPT

(M) I am a part of your __________. You may be able to see or eat __________ me. But without me, you can't __________ anything. You __________ listen to your favorite __________ or to your friends. Can you guess who I am?

TIP

먼저 그림 선택지를 보면 얼굴의 각 부분이 제시되어 있으므로, 얼굴과 관련된 내용임을 알 수 있습니다. 이것이 없다면 보는 거나 먹는 것과는 관련이 없지만 들을 수가 없다고 했으므로, 신체의 일부 중 듣는 것과 관련된 것을 찾도록 합니다.

해석

나는 당신의 신체의 일부입니다. 당신은 내가 없어도 보거나 먹을 수 있을 것입니다. 그러나 내가 없다면 당신은 아무것도 들을 수 없습니다. 당신이 좋아하는 음악이나 당신의 친구들의 말을 들을 수 없습니다. 내가 누구인지 알아맞힐 수 있나요?

정답 ③

Need to Know

- □ house 집
- □ living room 거실
- □ bedroom 침실
- □ blanket 담요
- □ kitchen 부엌
- □ table 식탁
- □ bathroom 화장실
- □ garden 정원
- □ sofa 소파
- □ closet 옷장
- □ pillow 베개
- □ sink 싱크대
- □ refrigerator 냉장고
- □ toothbrush / toothpaste 칫솔 / 치약

Practice

CD1-28

[1~3] Listen and choose the one that best shows what you hear.
들려주는 내용을 그림으로 가장 잘 나타낸 것을 고르시오.

CD1-29

1

① 

② 

③ 

④ 

CD1-30

2

① 

② 

③ 

④ 

CD1-31

3

① 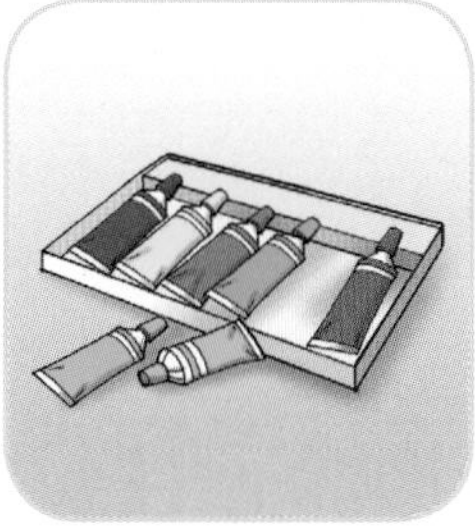

② 

③ 

④ 

CD1-32

06 대화에 관한 구체적인 정보 고르기

4문항 각 4점

들려주는 대화를 잘 듣고 문제지에 제시된 질문에 적절한 응답을 고르는 문제로 총 4문항으로 구성되어 있습니다. 대화의 전반적인 상황보다는 구체적이고 사실적인 핵심 정보를 파악하여 응용하는 능력이 필요합니다.

Study point

▶ 문제지의 질문과 선택지를 먼저 정확하게 파악한 후, 들려주는 대화에서 해당 정보를 찾는 연습을 합니다.
▶ 영화관, 공항, 공원 등 특정 장소에서 이루어지는 대화에 나오는 주요 표현들을 익혀둡니다.
▶ 시간이나 날짜와 관련된 문제들이 종종 출제되므로 숫자를 정확히 듣고 이해할 수 있도록 학습하고 이를 적절히 응용할 수 있도록 연습합니다.

SAMPLE

CD1-33

Listen to each conversation and choose the correct answer for the question.
대화 내용에 대한 질문에 적절한 답을 고르시오.

Where are the man and the woman now?
남자와 여자는 지금 어디에 있나요?

① At an airport
② At a DVD store
③ At a train station
④ At a movie theater

TIP

대화를 듣기 전에 문제지에 주어진 질문과 선택지를 빠르게 읽고 내용을 파악합니다. 여자의 질문에 남자는 영화 표 두 장을 달라고 합니다. 여자는 그것에 대한 가격을 말하고 있으므로 영화와 관련된 장소임을 알 수 있습니다.

해석
여자: 도와 드릴까요?
남자: 영화 "항공기 93편" 표 두 장 주세요.
여자: 16달러입니다.
남자: 네. 여기 있어요.

정답 ④

SCRIPT

W : May I help you?
M : Please give me two __________ for the __________ "Flight No. 93."
W : They are 16 dollars.
M : OK. Here you __________.

Need to Know

- □ airport 공항
- □ stadium 경기장
- □ amusement park 공원
- □ store 가게
- □ museum 박물관
- □ school 학교
- □ train / subway station 기차 / 지하철 역
- □ movie theater 극장
- □ department store 백화점
- □ restaurant 식당
- □ market 시장
- □ playground 운동장

Practice

CD1-34

[1~4] Listen to each conversation and choose the correct answer for the question.
대화 내용에 대한 질문에 적절한 답을 고르시오.

CD1-35

1 **What time will the boy meet the girl?**
소년은 몇 시에 소녀를 만날 것인가요?

① At 4:30 ② At 5:30
③ At 6:30 ④ At 7:30

CD1-36

2 **What does Mom ask the boy to do?**
엄마가 소년에게 부탁한 것은 무엇인가요?

① Clean his shirt ② Clean the kitchen
③ Help her make lunch ④ Go shopping with her

CD1-37

3 **Where are the man and the woman now?**
남자와 여자는 지금 어디에 있나요?

① At an airport ② At a DVD store
③ At a train station ④ At a movie theater

CD1-38

4 **What is the date today?** 오늘은 몇 일인가요?

① December 1st ② December 10th
③ December 20th ④ December 30th

CD1-39

07 적절한 응답을 골라 대화 완성하기

4문항 각 4점

들려주는 대화를 잘 듣고 마지막 사람의 말에 가장 적절한 응답을 고르는 문제로 총 4문항으로 구성되어 있습니다. 대화의 전체적인 흐름을 파악하고 들려주는 질문에 자연스러운 응답을 고르는 능력이 필요합니다.

Study point

▶ 생활에서 자주 쓰이는 다양한 회화 표현을 익혀둡니다.
▶ 육하원칙, 즉 5W 1H를 이용한 질문에 적절하게 응답할 수 있도록 연습합니다.
▶ 관용적인 표현을 두루 익히고 연습하도록 합니다.

SAMPLE

CD1-40

Listen to each conversation and choose the best response to the last person's comment.
대화를 듣고 마지막 사람의 말에 대한 응답으로 가장 적절한 것을 고르시오.

① Yes, I do. ② No, he doesn't.
③ Sure, he'll meet you. ④ Well, I'll go to Korea.

SCRIPT

B : My friend, John, will __________ Korea next week.
G : Great! How long is he going to __________?
B : For 2 weeks. Do you want to __________ him?
G : ____________________

TIP

대화 속에서는 소년의 친구가 한국을 방문할 것이라는 것을 알 수 있습니다. 그 친구를 만나보고 싶냐는 질문에는 만나고 싶은지 또는 그렇지 않은지를 표현한 것을 찾아야 합니다.

해석
소년: 내 친구 John이 다음 주에 한국을 방문할 거야.
소녀: 멋지다! 그는 얼마동안 머무를 예정이니?
소년: 2주일 동안. 그를 만나보고 싶니?
소녀: 응, 그러고 싶어.

정답 ①

Need to Know

□ be동사의 의문문
A: Is this yours?
B: Yes, it is. / No, it isn't.

□ Do/Does 동사의 의문문
A: Do you want to know him?
B: Yes, I do. / No, I don't.

□ 의문사를 이용한 의문문
A: How much is it?
B: It is 20 dollars.
A: How old is he?
B: He is 10 years old.
A: What do you do on Sunday?
B: I go shopping.

Practice

CD1-41

[1~4] Listen to each conversation and choose the best response to the last person's comment.
대화를 듣고 마지막 사람의 말에 대한 응답으로 가장 적절한 것을 고르시오.

1

CD1-42

① He looks cute.

② He is 3 years old.

③ He likes me a lot.

④ He has my photo.

2

CD1-43

① Right now.

② For 2 hours.

③ Last Sunday.

④ Tomorrow morning.

3

CD1-44

① A cute teddy bear.

② On December 25th.

③ A present for my mom.

④ At an Italian restaurant.

4

CD1-45

① Sorry to hear that.

② You're getting better.

③ Thank you for saying so.

④ I swim better than you do.

CD1-46

08 시각 자료에 관한 설명 이해하기

2문항 각 4점

연속해서 들려주는 네 개의 문장 중 문제지에 제시된 시각 자료와 일치하거나 일치하지 않는 것을 고르는 문제로 총 2문항으로 구성되어 있습니다. 도표나 초대장 등 다양한 종류의 시각 자료를 이해하고 그 설명이 올바른지 아닌지를 식별하는 능력이 필요합니다.

Study point

▶첫 번째 문제로 나오는 그림을 묘사할 때 사용하는 다양한 표현을 익혀둡니다.
▶두 번째 문제로 나오는 시각 자료를 신속하고 정확하게 이해할 수 있도록 학습합니다.
▶시각 자료에 제시된 정보를 정확하게 파악하여 완전한 문장으로 표현하는 연습을 합니다.

TIP

문제지에 주어진 그림은 Amanda의 생일 파티 초대장입니다. 파티의 날짜와 요일이 언제인지 장소는 어디인지, 파티 시간은 언제인지 먼저 파악하고, 들려주는 내용을 주의해서 들으며 초대장의 내용과 다른 것을 찾습니다. 파티는 12월 26일 토요일에 열립니다.

해석

① 파티는 오후 4시에 시작한다.
② 파티는 일요일에 열린다.
③ 파티는 Amanda의 생일을 위한 것이다.
④ 파티는 Amanda의 집에서 열린다.

정답 ②

SAMPLE

CD1-47

Look at the following chart or picture. Then choose the correct answer for each question.
도표나 그림 자료에 대한 질문에 적절한 답을 고르시오.

Listen and choose the one that does NOT match the information.
들려주는 내용 중 다음의 정보와 일치하지 않는 것을 고르시오.

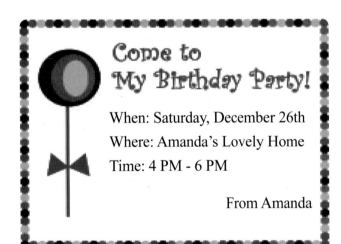

Come to
My Birthday Party!

When: Saturday, December 26th
Where: Amanda's Lovely Home
Time: 4 PM - 6 PM

From Amanda

① ② ③ ④

SCRIPT

① The party starts at ________ PM.
② The party is held on ________.
③ The party is for Amanda's ________.
④ The party is held at Amanda's ________.

Need to Know

□ The party is for her birthday. 파티는 그녀의 생일을 위한 것이다.
□ The party is held on Saturday. 파티는 토요일에 열린다.
□ The party starts/begins at 6 pm. 파티는 저녁 6시에 시작된다.
□ The party is held at my house. 파티는 우리집에서 열린다.

Practice

CD1-48

[1~3] Look at the following chart or picture. Then choose the correct answer for each question.
도표나 그림 자료에 대한 질문에 적절한 답을 고르시오.

CD1-49

1 Listen and choose the one that matches the picture.
들려주는 내용 중 다음의 그림과 일치하는 것을 고르시오.

① ② ③ ④

CD1-50

2 Listen and choose the one that does NOT match the picture.
들려주는 내용 중 다음의 그림과 일치하지 않는 것을 고르시오.

① ② ③ ④

CD1-51

3 Listen and choose the one that does NOT match the chart.
들려주는 내용 중 다음의 도표와 일치하지 않는 것을 고르시오.

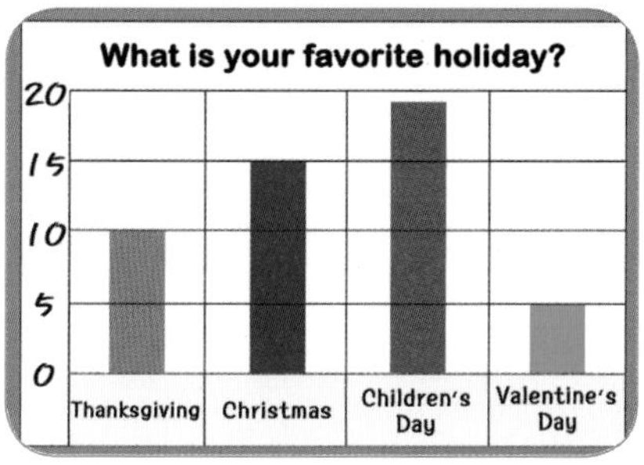

① ② ③ ④

CD1-52

09 그림 묘사하기

1문항
각 4점

연속해서 들려주는 네 개의 문장 중에서 문제지에 제시된 두 개의 그림과 일치하거나 일치하지 않는 것을 고르는 문제로 총 1문항으로 구성되어 있습니다. 그림 속 인물의 인상착의나 동작을 올바르게 표현하는지 아닌지를 식별하는 능력이 필요합니다.

Study point

▶그림의 배경이 되는 장소나 상황을 묘사하는 표현을 익혀둡니다.
▶그림 속 인물의 인상착의나 동작을 나타내는 표현을 익혀둡니다.
▶그림 속에 등장하는 사물의 위치나 상태를 묘사하는 표현을 익혀둡니다.

SAMPLE

CD1-53

Listen and choose the one that does NOT match the two pictures.
들려주는 내용 중 다음의 두 그림과 일치하지 않는 것을 고르시오.

① ② ③ ④

TIP

문제지에 제시된 소년과 소녀의 동작이나 상태를 먼저 파악합니다. 소년은 소파에 고양이를 안고 있고, 고양이는 빨간 리본을 머리에 두르고 있습니다. 소녀는 거울을 통해 자신의 모습을 보고 있습니다. 귀걸이를 하지 않고 있습니다.

해석
① 소년은 고양이 한 마리를 안고 있다.
② 소년의 고양이는 머리에 리본을 두르고 있다.
③ 소녀는 거울을 보고 있다.
④ 소녀는 귀걸이를 하고 있다.

정답 ④

SCRIPT

① The boy is __________ a cat.
② The boy's cat has a __________ on its head.
③ The girl is looking into the __________.
④ The girl is wearing __________.

Need to Know

- □ holding a cat 고양이를 안고 있다
- □ reading a book 책을 읽고 있다
- □ taking a photo 사진을 찍고 있다
- □ riding a bike 자전거를 타고 있다
- □ wearing earrings 귀걸이를 하고 있다
- □ sitting on the bench 벤치에 앉아 있다
- □ drawing a picture 그림을 그리고 있다
- □ playing the piano 피아노를 연주하고 있다

Practice

CD1-54

[1~3] Listen and choose the one that does NOT match the two pictures.

들려주는 내용 중 다음의 두 그림과 일치하지 않는 것을 고르시오.

1

CD1-55

① ② ③ ④

2

CD1-56

① ② ③ ④

3

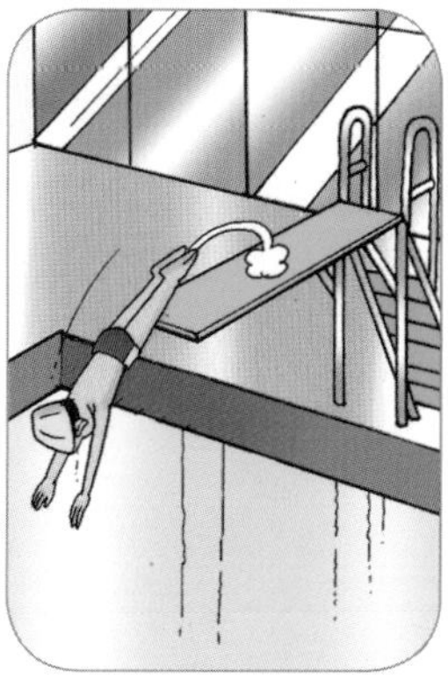

CD1-57

① ② ③ ④

CD1-58

10 대화의 자연스러운 흐름 이해하기

3문항 각 4점

연속해서 들려주는 네 개의 짧은 대화를 듣고, 그 흐름이 자연스럽지 못한 것을 고르는 문제로 총 3문항으로 구성되어 있습니다. 대화의 상황이나 분위기 등을 파악하는 것뿐만 아니라 질문과 응답이 적절한지를 식별하는 능력이 필요합니다.

Study point

▶ 생활 속에서 흔히 주고받을 수 있는 다양한 대화를 익혀둡니다.
▶ 의문사를 이용한 질문이나 Yes/No로 답하는 질문의 적절한 응답을 연습합니다.
▶ 조동사를 포함한 질문이나 주어에 따라 동사가 달라지는 질문에 대한 응답에 주의합니다.

SAMPLE

CD1-59

Listen to each of the four short conversations and choose the one that does NOT sound natural.
들려주는 대화를 잘 듣고, 대화의 흐름이 자연스럽지 못한 것을 고르시오.

① ② ③ ④

TIP

Where로 시작하는 질문에 대한 응답은 장소에 대한 정보가 적절합니다.

해석

① 남자: 넌 어디에 사니?
여자: 10분 후에.
② 남자: 넌 어느 나라를 방문하고 싶니?
여자: 일본.
③ 남자: 돈 좀 빌릴 수 있을까?
여자: 물론이지. 얼마가 필요하니?
④ 남자: 그것이 너의 새 가방이니?
여자: 응, 그것을 어제 샀어.

정답 ①

SCRIPT

① M : Where do you _________ ?
W : In ten minutes.

② M : What _________ do you want to visit?
W : Japan.

③ M : Can I borrow some _________ ?
W : Sure. How much do you need?

④ M : Is it your new bag?
W : Yes, I bought it _________ .

Need to Know

□ A: May[Can] I help you? 도와 드릴까요? (= How may I help you?)
B: Yes, please. / No, it's OK. 네, 부탁합니다. / 아뇨, 괜찮아요.

□ A: May[Can] I ask a favor of you? 부탁 하나 해도 될까요?
B: Sure, what is it? 물론이죠, 무엇인데요?

□ A: May[Can] I borrow your phone? 전화기 좀 빌릴 수 있을까요?
B: Yes, you may[can]. 네, 그러세요.

Practice

CD1-60

[1~4] Listen to each of the four short conversations and choose the one that does NOT sound natural.

들려주는 대화를 잘 듣고, 대화의 흐름이 <u>자연스럽지 못한</u> 것을 고르시오.

CD1-61

1 ① ② ③ ④

CD1-62

2 ① ② ③ ④

CD1-63

3 ① ② ③ ④

CD1-64

4 ① ② ③ ④

01 단어 찾기

2문항 각 2점

선택지에 제시된 단어들 중에서 문제지에 주어진 단어 띠에서 찾을 수 없는 것을 고르는 문제로 총 2문항으로 구성되어 있습니다. 여러 사물들을 나타내는 단어의 의미와 철자를 정확히 구분하는 능력이 필요합니다.

Study point

- ▶ 다양한 주제의 단어를 익힙니다.
- ▶ 단어를 공부할 때 그 의미를 정확히 파악합니다.
- ▶ 단어의 철자를 정확히 익힙니다.

TIP

순서 없이 나열된 알파벳 띠에서 단어에 해당하는 부분을 골라내는 문제로 평소에 단어 학습을 통해 많은 단어를 익혀두는 것이 좋습니다. 또한 단어 학습할 때 단어를 손으로 써 보면서 눈으로도 익히는 연습을 하는 것이 좋습니다. 공책을 나타내는 단어는 notebook입니다.

해석

scissors 가위
pencil 연필
eraser 지우개

정답 ③

SAMPLE

Choose the one that can NOT be found.
아래의 띠에 없는 단어를 고르시오.

lwscissorsolipenciltdinksntbuckuaeraseren

① 가위 ② 연필 ③ 공책 ④ 지우개

Need to Know

학용품	동물	
□ pen / pencil 펜 / 연필	□ rabbit 토끼	□ fox 여우
□ notebook 공책	□ horse 말	□ elephant 코끼리
□ textbook 교과서	□ wolf 늑대	□ lion 사자
□ eraser 지우개	□ giraffe 기린	□ snake 뱀
□ pencil case 필통	□ monkey 원숭이	□ sheep 양
□ ruler 자	□ chicken 닭	□ mouse 쥐
□ scissors 가위	□ cow 암소	□ tiger 호랑이
□ glue 풀	□ zebra 얼룩말	□ bear 곰
□ knife 칼	□ ant 개미	□ hippo 하마

Practice

[1~4] Choose the one that can NOT be found.
아래의 띠에 없는 단어를 고르시오.

1

asikrabbitersocielephantoggihollsengefoxera

① 토끼 ② 코끼리 ③ 말 ④ 여우

2

eappspooneickopohiciteepundishhntableel

① 숟가락 ② 젓가락 ③ 접시 ④ 탁자

3

unlomondaygisteeusdayiekwednesdayyeathursdayach

① 월요일 ② 화요일 ③ 수요일 ④ 목요일

4

asbilongewqspsholtbhidklheavyyelightasil

① 긴 ② 짧은 ③ 무거운 ④ 가벼운

02 어법에 적절치 못한 문장 고르기

2문항
각 4점

문제지에 제시된 네 개의 문장들 중 어법상 부적절한 문장을 고르는 문제로 총 2문항으로 구성되어 있습니다. 다양한 어법을 이해하고 문장을 응용할 수 있는 능력이 필요합니다.

Study point

▶ 주어에 따라 적절한 동사가 쓰였는지 확인하고, 시제가 일치하는지 확인합니다.
▶ 관사나 수량 형용사가 뒤따르는 단수명사나 복수명사가 올바르게 쓰였는지 확인합니다.
▶ 그 외 동사의 형태나 대명사의 격 등 다양한 문법을 익혀 문장이 올바른지 확인합니다.

SAMPLE

Choose the one that is grammatically incorrect.
다음 중 문법적으로 틀리거나 어색한 문장을 고르시오.

① I will see you later.

② My dad doesn't working.

③ Can I get a cup of hot milk?

④ I read books every evening.

TIP

현재진행형은 '~하고 있다'라는 의미로 「be동사 + -ing」로 표현합니다. 과거진행형은 be동사를 과거형으로 쓰면 됩니다. 따라서 ②번 문장은 현재진행형으로 표현하면 isn't working이 되어야 합니다. 일반동사의 부정문이 되려면 working이 아니라 work가 되어야 정확한 문장이 됩니다.

해석

① 나중에 봐요.
② 우리 아빠는 일을 하고 계시지 않다[하시지 않는다].
③ 뜨거운 우유 한 잔 얻을 수 있을까요?
④ 나는 매일 저녁 책을 읽는다.

정답 ②

Need to Know

동사의 사용

□ My dad teach English. (×) ➡ My dad teaches English. (○)
I can to play the violin. (×) ➡ I can play the violin. (○)
Ted and Jane is studying together. (×) ➡ Ted and Jane are studying together. (○)

단수, 복수의 일치

□ There are a lot of tree in the park. (×) ➡ There are a lot of trees in the park. (○)
I bought two book. (×) ➡ I bought two books.

시제의 일치

□ My family go out yesterday. (×) ➡ My family went out yesterday. (○)
I go on a picnic tomorrow. (×) ➡ I will go on a picnic tomorrow. (○)

Practice

[1~4] Choose the one that is grammatically incorrect.
다음 중 문법적으로 틀리거나 어색한 문장을 고르시오.

1

① I am sad last night.
② This is my photo album.
③ The weather is very cold.
④ Sean loves playing the piano.

2

① You should go now.
② I study hard at school.
③ She is playing the piano.
④ There are a bird in the sky.

3

① It is her computer.
② Simon went to bed.
③ I can buy more cookies.
④ My parents was so happy.

4

① I am 160 cm tall.
② My father is a pilot.
③ You may to play games now.
④ I usually sleep for eight hours.

03 적절한 어휘를 골라 대화문 완성하기

3문항
각 4점

문제지에 제시된 네 개의 단어 중 문맥에 어울리는 것을 골라 문장을 완성하는 문제로 총 3문항으로 구성되어 있습니다. 문장을 완성하기 위해서 문맥상 논리적으로 적절한 단어를 고르는 능력이 필요합니다.

Study point

▶ 종종 짝을 이루는 동사와 목적어를 알아둡니다.
▶ 동사, 명사, 형용사 등 다양한 품사의 단어들을 학습합니다.
▶ 다양한 상황에 쓰이는 관용적인 표현을 익히고 연습합니다.

SAMPLE

TIP

문장 속에 들어갈 주어나 목적어, 또는 상황에 가장 자연스러운 단어를 고르도록 합니다. 빈칸 다음에 그림이라는 단어가 있으므로 '그림을 그리다'라는 의미가 되어야 자연스럽습니다.

해석
① 타다
② 방문하다
③ 듣다
④ 그리다

정답 ④

Choose the one that best completes the sentence.
빈칸에 들어갈 말로 가장 적절한 것을 고르시오.

I like to (   ) a picture.

① ride ② visit
③ hear ④ draw

Need to Know

- □ sunny 화창한
- □ snowy 눈이 오는
- □ windy 바람이 부는
- □ warm 따뜻한
- □ hot 더운
- □ cloudy 구름이 낀, 흐린
- □ rainy 비가 오는
- □ foggy 안개가 낀
- □ cold 추운
- □ dry 건조한

Practice

[1~4] Choose the one that best completes the sentence.
빈칸에 들어갈 말로 가장 적절한 것을 고르시오.

1 It was (   ) but I didn't have an umbrella. So I got wet.

① rainy ② sunny
③ windy ④ foggy

2 I meet my grandparents (   ) weekends.

① to ② by
③ on ④ from

3 It is (   ) for me to study math.

① kind ② easy
③ clean ④ same

4 I feel (   ) because I don't know anyone in this city.

① big ② cloudy
③ kind ④ lonely

04 유사한 문장 고르기

3문항 각 4점

문제지에 제시된 문장과 가장 유사한 의미를 지닌 문장을 고르는 문제로 총 3문항으로 구성되어 있습니다. 하나의 의미를 다양한 표현을 이용하여 나타내고 이해할 수 있는 능력이 필요합니다.

Study point

▶ 어휘를 학습할 때에 여러 유의어와 함께 익혀둡니다.
▶ 같은 상황에 쓰이는 다양한 회화 표현이나 관용적인 표현을 익혀둡니다.
▶ 말하는 사람의 의도나 문맥을 유지하면서 다른 문장으로 전환하는 연습을 합니다.

SAMPLE

Choose the one that has the most similar meaning to that of the given sentence.
주어진 문장과 가장 가까운 의미를 가진 문장을 고르시오.

She is a good tennis player.

① She plays tennis well.
② She knows a good tennis player.
③ She thinks tennis is a good sport.
④ She will be good at playing tennis.

TIP

네모 안에 주어진 문장의 의미를 정확하게 파악해야 합니다. 주어진 문장은 '그녀는 훌륭한 테니스 선수이다.'라는 내용으로, 테니스를 잘한다는 내용을 찾습니다.

해석
① 그녀는 테니스를 잘 친다.
② 그녀는 훌륭한 테니스 선수를 알고 있다.
③ 그녀는 테니스가 훌륭한 운동이라고 생각한다.
④ 그녀는 테니스를 잘 치게 될 것이다.

정답 ①

Need to Know

□ There are six students in the classroom.
= Six students are in the classroom.

□ I am taller than my sister.
= My sister is shorter than I am.

□ He is a good tennis player.
= He plays tennis well.
= He is good at tennis.

□ He is the smartest boy in my class.
= He is smarter than any other boy in my class.
= Nobody is smarter than him in my class.
= Nobody is as smart as him in my class.

Practice

[1~4] Choose the one that has the most similar meaning to that of the given sentence.
주어진 문장과 가장 가까운 의미를 가진 문장을 고르시오.

1 The room has lots of people.

① The room is so small.
② People like to be in the room.
③ There are many people in the room.
④ More people will come into the room.

2 The cake is so tasty.

① The cake looks tasty.
② The cake smells delicious.
③ The cake tastes very good.
④ The cake is made of sugar.

3 I don't know what to do.

① I don't know why I am here.
② I don't know what I should do.
③ I don't know where I should go.
④ I don't know how I should use this.

4 The blue whale is the biggest animal.

① All whales are big.
② The blue whale is an animal.
③ The blue whale is my favorite animal.
④ The blue whale is bigger than any other animal.

05 흐름에 적절한 문장을 골라 대화 완성하기

3문항
각 4점

대화를 완성하기 위해서 문맥상 자연스러운 문장을 고르는 문제로 총 3문항으로 구성되어 있습니다. 대화의 전체적인 흐름을 파악하고 앞 · 뒤 문장의 관계를 고려하여 빈칸에 들어갈 내용을 추론하는 능력이 필요합니다.

Study point

▶ 앞 · 뒤에 있는 문장을 보고 그에 걸맞은 응답이나 질문을 떠올립니다.
▶ 질문에 쓰인 의문사에 따라 예상되는 응답을 학습합니다.
▶ 앞 · 뒤 문장뿐만 아니라 전체적인 대화의 상황을 정확히 파악할 수 있도록 연습합니다.

SAMPLE

Choose the one that best completes the conversation.
대화의 빈 곳에 들어갈 가장 적절한 표현을 고르시오.

A : Sujin is sick, so she couldn't come to class.
B : Really? Let's go to her house and see her.
A : ______________________________
B : We can take a taxi. It's not that far from here.

① Why is she sick?
② How can we go there?
③ Where can we take a taxi?
④ When can she come to see us?

TIP

대화 속에서 두 사람은 학교에 오지 못한 수진이에 대해 이야기하고 있습니다. 빈칸 다음의 마지막 말을 보면 택시를 탄다는 이야기가 나오므로 빈칸에는 수진이의 집에 어떻게 갈 수 있는지를 물어야 자연스러운 대화가 됩니다.

해석
A: 수진이가 아파서, 수업에 못 왔어.
B: 정말? 우리 수진이 보러 수진이 집에 가자.
A: 우리는 거기 어떻게 갈 수 있니?
B: 택시를 타고 가면 되지. 여기서 그렇게 멀지 않아.

정답 ②

Need to Know

□ **How**
A: How can I get there? 거기에 어떻게 가야 하지?
B: You can take a subway. 지하철을 타면 돼.

□ **When**
A: When will he come back home? 언제 그가 집에 돌아오니?
B: He will be back this Saturday. 이번 주 토요일에 올 거야.

□ **Where**
A: Where are you going to stay at? 너는 어디서 묵을 예정이니?
B: I'm going to stay at my friend's home. 내 친구의 집에서 묵을 예정이야.

Practice

[1~3] Choose the one that best completes the conversation.
대화의 빈 곳에 들어갈 가장 적절한 표현을 고르시오.

1

A : How was the English contest?
B : It was very good. I won a prize.
A : ______________________
B : Thank you.

① You did a good job.
② What was the prize?
③ I speak English very well.
④ You should practice hard.

2

A : An American man moved into my neighborhood.
B : Really? How does he look like?
A : ______________________
B : I want to meet him someday.

① He lives with me.
② He's 40 years old.
③ He has a daughter.
④ He's very handsome.

3

A : Where are Mom and Dad?
B: They went to Grandma's house.
A : ______________________
B : Maybe tomorrow evening.

① Where are they?
② Why are they going there?
③ What are they doing there?
④ When are they coming home?

06 자연스러운 대화 꾸미기

1문항 각 4점

문제지에 제시된 네 개의 문장을 자연스러운 대화가 되도록 적절한 순서로 배열해 놓은 것을 고르는 문제로 총 1문항으로 구성되어 있습니다. 문장의 앞 · 뒤 관계를 파악하고 추론해 내는 능력이 필요합니다.

Study point

▶네 개의 선택지에서 공통적으로 시작하는 번호를 찾아 대화의 첫 문장을 파악합니다.
▶첫 문장에 대한 응답으로 가장 자연스러운 것을 찾고, 또 이와 같은 방법으로 대화를 이어나가는 연습을 합니다.

SAMPLE

TIP

대화 속의 두 사람은 시간을 확인하면서 집으로 돌아가자는 말을 하고 있습니다. 선택지를 통해 1번 문장으로 대화가 시작되는 것을 알 수 있습니다. 집에 가자는 제안에는 왜 그런지를 묻고, 그 이유를 말해주는 순서가 나오는 것이 자연스러운 대화가 됩니다.

해석

1. 집으로 돌아가자.
3. 왜? 6시밖에 안됐어.
4. 늦었어. 우리 엄마가 나를 걱정하실 거야.
2. 알았어. 그러면 가자.

정답 ①

Choose the one that makes a conversation by putting each sentence in the correct order.
자연스러운 대화가 되도록 다음 각 문장들을 올바르게 배열한 것을 고르시오.

1. Let's go back home.
2. Alright. Let's go then.
3. Why? It's only 6 o'clock.
4. It's getting late. My mom will worry about me.

① 1 - 3 - 4 - 2 ② 1 - 3 - 2 - 4
③ 1 - 4 - 2 - 3 ④ 1 - 4 - 3 - 2

Need to Know

□ A: Can[May] I go there?
B: Yes[Sure], you can. / No, you can't.

□ A: I'm sick.
B: That's too bad. / I'm sorry to hear that.

□ A: What's wrong?
B: I failed the test again.
A: Come on! Cheer up!

□ A: Excuse me. Can you help me?
B: Sure. What can I do for you?
A: I'm looking for shoes.

□ A: Let's play tennis. / How about playing tennis? / Why don't we play tennis?
B: Sure. / All right! / No problem. / Sorry, but I can't. / I'm afraid I can't.

Practice

[1~3] Choose the one that makes a conversation by putting each sentence in the correct order.
자연스러운 대화가 되도록 다음 각 문장들을 올바르게 배열한 것을 고르시오.

1

1. Sure. What is it?
2. It's right over there.
3. Excuse me. Can I ask you a question?
4. Where is the nearest bus stop?

① 3 - 1 - 2 - 4
② 3 - 1 - 4 - 2
③ 3 - 2 - 1 - 4
④ 3 - 2 - 4 - 1

2

1. No. Who is he?
2. He sounds like a good swimmer.
3. He's a swimmer. He won many gold medals.
4. Do you know Phelps?

① 4 - 1 - 2 - 3
② 4 - 1 - 3 - 2
③ 4 - 3 - 1 - 2
④ 4 - 3 - 2 - 1

3

1. I don't have any. I am the only child.
2. How many brothers or sisters do you have?
3. Don't you want to have a brother or a sister?
4. Not really. I have many friends, instead.

① 2 - 1 - 3 - 4
② 2 - 1 - 4 - 3
③ 2 - 4 - 1 - 3
④ 2 - 4 - 3 - 1

07 시각 자료 이해하기

2문항
각 4점

문제지에 제시된 시각 자료를 보고 주어진 두 개의 질문에 모두 답하는 문제로 총 2문항으로 구성되어 있습니다. 광고나 안내문 등 다양한 종류의 시각 자료의 전반적인 내용과 세부 정보를 파악하는 능력이 필요합니다.

Study point

▶ 다양한 도표나 시각 자료의 목적이나 주로 전하고자 하는 내용을 정확히 파악합니다.
▶ 시각 자료 내 정보들이 완전한 문장이 아니더라도 내용을 정확히 이해할 수 있도록 연습하고, am, pm, 월과 요일을 줄여 쓰는 등 간단히 쓰는 표현들을 익혀둡니다.

SAMPLE

TIP

Jannet Reid의 학생증에 나온 Jannet의 정보를 정확히 파악합니다. 주소와 생년월일, 키, 몸무게, 머리와 눈의 색과 전화번호 정보가 있습니다.

해석

국제학교 학생증
Janet Reid
주소: 미국 매사추세츠 주 보스턴 볼튼 거리 1234
생일: 1998년 6월 6일
신장: 135cm
체중: 30kg
머리: 검은색
눈: 갈색
전화번호: 635-2360

Q1. Janet Reid에 대해 기록되지 않은 정보는 무엇인가요?
① 그녀가 얼마나 키가 큰가
② 그녀는 어디에 사는가
③ 그녀는 몇 학년인가
④ 그녀의 몸무게가 얼마나 되는가

Q2. Janet Reid에 관해 사실이 아닌 것은 무엇인가요?
① 그녀는 갈색 머리이다.
② 그녀의 생일은 6월 6일이다.
③ 그녀는 미국의 보스턴에 산다.
④ 그녀의 전화번호는 635-2360이다.

정답 Q1. ③ Q2. ①

Look at the following information and choose the correct answer for each question.
다음의 정보를 보고 주어진 질문에 답하시오.

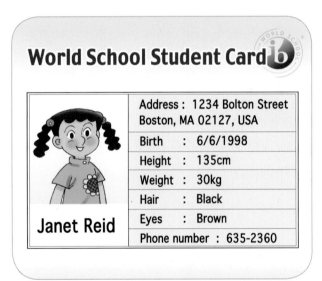

World School Student Card

Address : 1234 Bolton Street Boston, MA 02127, USA	
Birth	: 6/6/1998
Height	: 135cm
Weight	: 30kg
Hair	: Black
Eyes	: Brown
Phone number	: 635-2360

Janet Reid

Q1. What information is NOT written about Janet Reid?

① How tall she is
② Where she lives
③ What grade she is in
④ How much she weighs

Q2. What is NOT true about Janet Reid?

① She has brown hair.
② Her birthday is June 6th.
③ She lives in Boston, U.S.A.
④ Her phone number is 635-2360.

Practice

[1~2] Look at the following ad and choose the correct answer for each question.

다음의 광고를 보고 주어진 질문에 답하시오.

I am selling these posters.
I made them by myself.
If you are interested in buying any of these posters, please call me at 564-0938 or email me at joseph@hotmail.com.

Thank you.
Joseph

1 **Why did Joseph make this ad?**

① To sell posters

② To buy posters

③ To send posters

④ To make posters

2 **Which of the following is true?**

① Joseph made the posters alone.

② Joseph made less than two posters.

③ Joseph does not have an email address.

④ People should only give a call to Joseph.

[3~4] Look at the following memo and choose the correct answer for each question.
다음의 메모를 보고 주어진 질문에 답하시오.

I have a new badminton racket.
Let's play badminton!

Come to the school playground
at 6 pm this Saturday.

—Jeremy—

3 Why did Jeremy write this memo?

① To invite
② To thank
③ To say sorry
④ To ask a question

4 What is written about the badminton game?

① Where it will be played
② How long it will be played
③ How many people will play it
④ What Jeremy's friends should bring for it

[5~6] Look at the following invitation and choose the correct answer for each question.
다음의 초대장을 보고 주어진 질문에 답하시오.

5 When will the party be held?

① On February 2nd
② On February 6th
③ On February 9th
④ On February 14th

6 What can NOT be known about the party?

① Where it will be held
② How long it will be held
③ How many people will be there
④ How many kinds of chocolate Mia will prepare

08 글을 읽고 내용 이해하기

2문항
각 4점

문제지에 제시된 대화를 읽고 주어진 두 개의 질문에 모두 답하는 문제로 총 2문항으로 구성되어 있습니다. 전반적인 대화의 주제나 세부적인 내용의 사실 여부를 파악하고 지문에 주어진 내용을 통해 추론하는 능력이 필요합니다.

Study point

▶ 다양한 주제의 대화를 읽고 이해할 수 있도록 학습합니다.
▶ 대화를 읽을 때 먼저 대화의 주제, 인물의 관계 등의 전체적인 특징을 파악하고 그 다음 대화의 세부적인 사항을 이해하는 연습을 합니다.

SAMPLE

Read the following conversation and choose the correct answer for each question.
다음의 대화를 읽고 주어진 질문에 답하시오.

Jim: Happy 9th birthday, Mary!
Mary: Thanks, Uncle Jim. And thank you for the bag!
Jim: I am glad you like it. How was your birthday party?
Mary: It was fantastic.
Jim: Did you get many presents from your friends?
Mary: Yes. Sam gave me a game CD and I got a book from Peter.

Q1. What present did Mary get from Uncle Jim?

① A bag ② A book
③ A game CD ④ A CD player

Q2. What is NOT true about Mary?

① She became 9 years old.
② She had her birthday party.
③ She liked Uncle Jim's present.
④ She got no gifts from her friends.

TIP

Jim 삼촌과 Mary는 Mary의 9번째 생일에 관해 이야기를 하고 있습니다. 대화에 나오는 정보를 정확하게 파악합니다.

해석

Jim: Mary, 아홉 번째 생일을 축하해!
Mary: 고마워요, Jim 삼촌. 그리고 가방도 고맙습니다!
Jim: 네가 그것을 좋아하니 기쁘구나. 생일 파티는 어땠니?
Mary: 환상적이었어요.
Jim: 친구들한테 선물은 많이 받았니?
Mary: 네. Sam은 나에게 게임 CD를 주었고, Peter로부터는 책 한 권을 받았어요.
Q1. Mary는 Jim 삼촌으로부터 어떤 선물을 받았나요?
① 가방 ② 책
③ 게임 CD ④ CD 플레이어
Q2. Mary에 관해 사실이 아닌 것은 어느 것인가요?
① 그녀는 9살이 되었다.
② 그녀는 생일 파티를 열었다.
③ 그녀는 Jim 삼촌의 선물을 좋아했다.
④ 그녀는 친구들로부터 선물을 전혀 받지 못했다.

정답 Q1. ① Q2. ④

Practice

[1~2] Read the following conversation and choose the correct answer for each question.
다음의 대화를 읽고 주어진 질문에 답하시오.

Susie:	Hello. I'd like to mail this box to New York.
Ms. White:	Okay. Do you want to send it by airplane, or ship?
Susie:	Which is faster?
Ms. White:	Airplane is faster. But it is a bit more expensive.
Susie:	Hmm… I'll use the ship then.
Ms. White:	Alright. That will be twelve dollars. And it'll take two weeks.

1 How much will Susie pay?

① $12

② $14

③ $20

④ $30

2 What can be known from the conversation?

① Susie sends boxes very often.

② Susie has met Ms. White before.

③ Susie's aunt is living in New York.

④ Susie's box will be in New York in two weeks.

[3~4] Read the following conversation and choose the correct answer for each question.

다음의 대화를 읽고 주어진 질문에 답하시오.

Kathy: Getting up early in the morning is too hard for me.
Simon: Can I tell you some easy ways to get up early?
Kathy: Thanks! I really need that. What should I do?
Simon: Exercise before going to bed and go to bed early.
Kathy: Good idea. What else can I do?
Simon: Setting an alarm clock is also helpful.

3 What are Kathy and Simon mainly talking about?

① The importance of sleep
② The right time to exercise
③ Why people feel hard to get up early
④ How to wake up early in the morning

4 Which is NOT Simon's advice for Kathy?

① Go to bed early.
② Set an alarm clock.
③ Do exercise before sleeping.
④ Wash her face with cold water.

[5~6] Read the following conversation and choose the correct answer for each question.
다음의 대화를 읽고 주어진 질문에 답하시오.

Min: I've heard you are a new student from the U.S.
Mary: Right. Are you one of my classmates?
Min: Yes. Can you tell me about the history of the U.S.?
Mary: Sure. It became a nation in 1776, so it has about 230 years of history.
Min: I see. Then what about the presidents?
Mary: The 1st president was George Washington, and now we have our 44th president, Barack Obama.

5 What is the relationship between Mary and Min?

① Pen pals
② Neighbors
③ Classmates
④ Family members

6 Which is true according to the conversation?

① The U.S. has less than 200 years of history.
② There are 44 presidents in the history of the U.S.
③ Mary knows nothing about the history of the U.S.
④ George Washington was the 2nd president of the U.S.

Section 3 Writing

01 그림을 보고 대화 완성하기

2문항 각 4점

문제지에 제시된 그림을 보고 대화의 내용이 그림과 일치하도록 빈칸에 적절한 단어를 정해진 철자 수에 맞춰 채워 넣는 문제로 총 2문항으로 구성되어 있습니다. 여러 가지 사물을 나타내는 단어를 정확히 구분하고 쓸 수 있는 능력이 필요합니다.

Study point

▶ 다양한 단어를 익히되, 그림으로 나타낼 수 있는 명사와 동사를 중점적으로 학습합니다.
▶ 정해진 철자 수에 모자라거나 지나치지 않는 단어를 떠올립니다.
▶ 보통 4~6개의 철자로 구성된 단어가 종종 출제되니 이를 중점적으로 연습합니다.

SAMPLE

TIP

그림에서 두 사람은 소녀의 신발을 가리키고 있으므로 대화는 두 사람이 소녀의 신발에 대해 이야기하고 있음을 알 수 있습니다.

해석

A: 나는 새 신발 한 켤레를 샀어.
B: 예뻐보인다.

정답 shoes

Look at the following picture and fill in each blank by choosing the proper letters.
그림의 내용과 일치하도록 단어의 철자를 보기 중에서 골라 올바른 순서대로 쓰시오.

ex s, o, c, h, e, z, s

A : I bought a pair of new ___ ___ ___ ___ ___.
B : They look pretty.

Need to Know

□ There are many(a lot of/lots of) boys in the classroom. 교실에는 소년들이 많이 있다.
□ There are a few birds in the cage. 새장에는 몇 마리 새가 있다.
□ There are few people in the park. 공원에는 사람이 거의 없다.
□ There is a little sugar in the cup. 컵에는 설탕이 약간 있다.
□ There is little water in the jar. 항아리에는 물이 거의 없다.
□ I'm eating some bread(candies). 나는 빵[사탕]을 먹고 있다.

Practice

[1~3] Look at the following picture and fill in each blank by choosing the proper letters.
그림의 내용과 일치하도록 단어의 철자를 보기 중에서 골라 올바른 순서대로 쓰시오.

1

ex e, l, v, i, e, e, n, r

A: How many soccer players are on a team?

B: There are ___ ___ ___ ___ ___ ___ players.

2

ex g, s, u, n, a, i

A: What do you like to do best?

B: I like to ___ ___ ___ ___ best.

3

ex d, r, s, e, b, a, n

A: What are you eating?

B: I am eating some ___ ___ ___ ___ ___.

02 그림을 보고 적절한 순서대로 단어 나열하기

2문항 각 4점

문제지에 제시된 단어들을 그림의 내용과 일치하는 자연스러운 문장이 되도록 순서대로 나열하는 문제로 총 2문항으로 구성되어 있습니다. 문장의 구조를 이해하고 단어의 성격과 기능에 따라 문장 내 적절한 위치를 파악하는 능력이 필요합니다.

Study point

▶단어의 품사를 익히고 각 단어가 문장 내에서 하는 역할을 익혀둡니다.
▶주어와 동사, 전치사와 명사처럼 늘 붙어 다니는 단어들을 파악합니다.
▶주어, 목적어, 서술어 등 문장을 구성하는 어구의 적절한 위치를 학습합니다.

SAMPLE

TIP

영어 문장은 크게 주어와 동사로 이루어지고 동사의 성격에 따라 목적어가 있습니다. 그림을 보면 소년과 소녀가 손을 잡고 있으며, be동사가 나오므로 현재진행형으로 동사를 표현하고, 목적어가 이어져야 합니다.

해석
그들은 서로의 손을 잡고 있다.

정답 (They are) holding each other's hands.

Look at the following picture and put the proper words in the correct order to make a complete sentence.
그림의 내용과 일치하도록 보기 중에서 적절한 단어를 골라 올바르게 배열하시오.

ex each, hands, holding, other's, eyes

They are ______ ______ ______ ______.

Need to Know

명사구: 관사/소유격 + (형용사) + 명사

□ I met a pretty girl. 나는 예쁜 소녀를 만났다.
□ This is my computer. 이것은 내 컴퓨터이다.
□ He is my lovely baby. 그는 내 사랑스러운 아기이다.

전치사구: 전치사 + 명사(구)

□ There are many people in the room. 많은 사람들이 방에 있다.
□ They go to the park on Sundays. 그들은 일요일마다 공원에 간다.
□ I like to play with my dog. 나는 내 개와 노는 것이 좋다.

Practice

[1-3] Look at the following picture and put the proper words in the correct order to make a complete sentence.
그림의 내용과 일치하도록 보기 중에서 적절한 단어를 골라 올바르게 배열하시오.

1

ex rainbow, a, beautiful, saw, lake

I ______ ______ ______ ______.

2

ex on, two, wall, the, pictures, well

There are ______ ______ ______ ______ ______.

3

ex days, outside, on, playing, snowy, cloudy

I like ______ ______ ______ ______ ______.

03 그림을 보고 글 완성하기

1문항 각 4점

문제지에 제시된 그림을 보고 글의 내용이 그림과 일치하도록 빈칸에 적절한 단어를 채워 넣는 문제로 총 1문항으로 구성되어 있습니다. 직업이나 여러 가지 사물을 나타내는 단어를 정확히 구분하고 쓸 수 있는 능력이 필요합니다.

Study point

▶ 인물의 동작이나 인상착의를 나타내는 다양한 표현들을 학습합니다.
▶ 다양한 단어를 익히되, 그림으로 나타낼 수 있는 명사와 동사를 중점적으로 학습합니다.
▶ 문장의 시제나 형태를 고려하여 명사나 동사를 적절한 형태로 바꾸는 연습을 합니다.

SAMPLE

TIP

글을 이해하는 이해력과 문맥에 맞는 적절한 단어를 고를 수 있는 능력이 필요한 문제로 단어를 잘 익혀두는 것이 좋습니다. 그림에서 소녀는 꽃과 나무들이 많이 있는 정원의 벤치에 앉아 있습니다.

해석

정원에는 아주 많은 아름다운 꽃과 나무들이 있다. 나는 매일 벤치에 앉아, 그것들을 보는 것을 좋아한다.

정답 garden

Look at the following picture and fill in the blank with ONE of the given words to complete the passage.

그림의 내용과 일치하도록 보기 중에서 적절한 단어를 골라 써 넣으시오.

ex garden, mountain, street, river

There are so many beautiful flowers and trees in the ___________.
I love to look at them, sitting on the bench every day.

Need to Know

- □ park 공원
- □ garden 정원
- □ sea 바다
- □ valley 계곡
- □ mountain 산
- □ river 강
- □ beach 해변
- □ field 들판

Practice

[1-3] Look at the following picture and fill in the blank with ONE of the given words to complete the passage.
그림의 내용과 일치하도록 보기 중에서 적절한 단어를 골라 써 넣으시오.

1

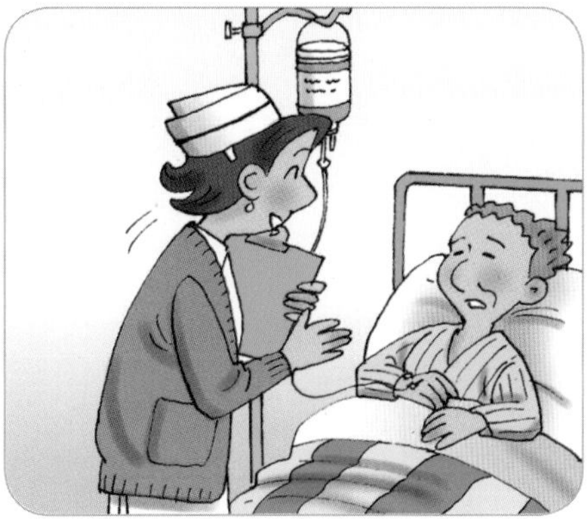

My sister is a ___________. She always takes good care of sick people. I love her and I want to have the same job as she does when I grow up.

ex nurse, soldier, teacher, doctor

2

Every evening, I ___________ the dishes with my mom. Sometimes it is a bit hard because there are too many dishes. But, it is fun at the same time.

ex help, break, put, wash

3

On Sundays, I always ___________ pancakes for my parents. They eat my pancakes for breakfast. They really like my pancakes. I'm happy when I see their smiling faces.

ex make, let, cut, drink

TOPEL Jr.

2
LEVEL

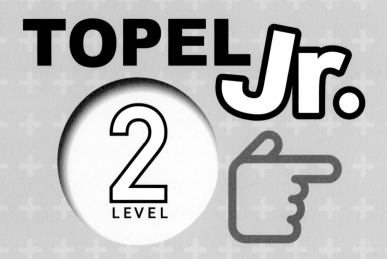

Level Up

실전모의고사

1

Listening Part

CD2-02

1~4 **Listen to each word or phrase and choose the one that best shows the meaning.**
들려주는 단어나 어구를 그림으로 가장 잘 나타낸 것을 고르시오. (2점)

CD2-03

1

① 

② 

③ 

④ 

CD2-04

2

① 

② 

③ 

④ 

CD2-05

3

① 

② 

③ 

④ 

CD2-06

4 ① ② ③ ④

CD2-07

5~8 **Listen to each sentence and choose the one that best shows the meaning.**
들려주는 문장을 그림으로 가장 잘 나타낸 것을 고르시오. (3점)

CD2-08

5 ① ② ③ ④

CD2-09

6 ① ② ③ ④

CD2-10

7 ① ② ③ ④

CD2-11

8 ① ② ③ ④

CD2-12

9~12 Listen to each conversation and choose the correct answer for the question.

대화 내용에 대한 질문에 적절한 답을 고르시오. (3점)

9 What does the girl's mom ask the girl to do?

소녀의 어머니가 소녀에게 부탁하는 것은 무엇인가요?

CD2-13

① ② ③ ④

10 What will the boy do for the summer camp?
소년이 여름 캠프를 위해서 할 일은 무엇인가요?

CD2-14

① ② ③ ④

11 What did the girl do during the vacation?
소녀가 방학 때 한 일은 무엇인가요?

CD2-15

① ② ③ ④

12 What will the boy and the girl do after the conversation?
대화 후 소년과 소녀가 할 일은 무엇인가요?

CD2-16

① ② ③ ④

Listening Part

CD2-17

13~17 Listen to each conversation and the following question. Then choose the correct answer.

대화를 듣고 이어서 들려주는 질문에 적절한 답을 고르시오. (4점)

CD2-18

13

①	②	③	④

CD2-19

14

①	②	③	④

CD2-20

15

①	②	③	④

CD2-21

16

① ② ③ ④

CD2-22

17

① ② ③ ④

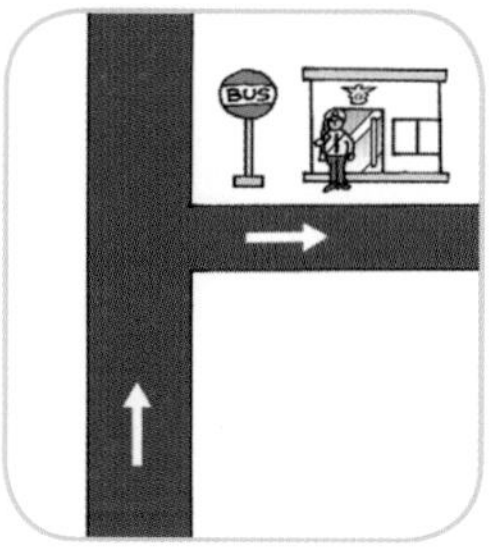

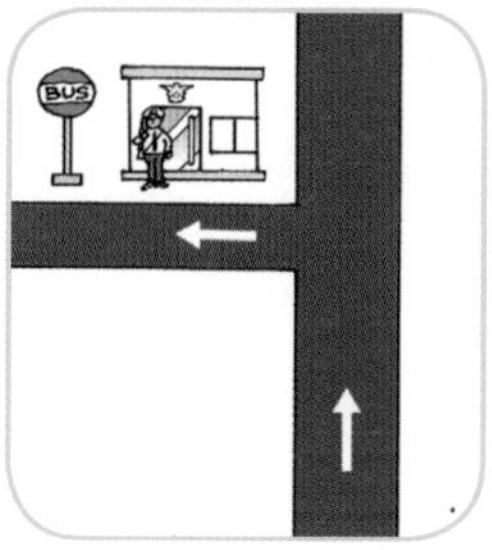

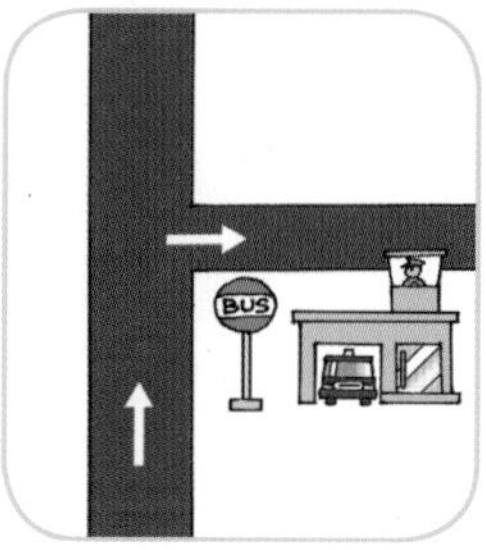

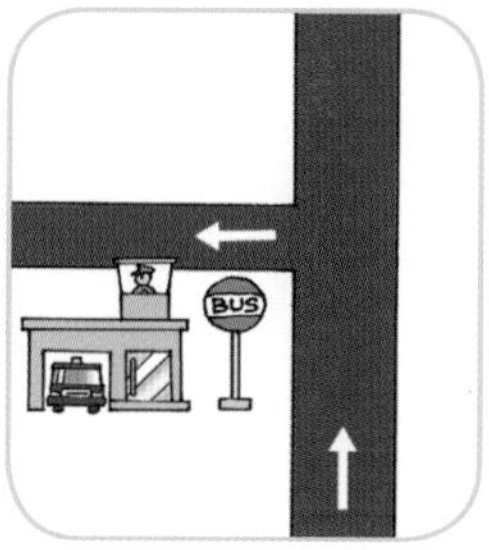

CD2-23

18 Listen and choose the one that best shows what you hear.

들려주는 내용을 그림으로 가장 잘 나타낸 것을 고르시오. (4점)

CD2-24

① ② ③ ④

CD2-25

19~22 Listen to each conversation and choose the correct answer for the question.

대화 내용에 대한 질문에 적절한 답을 고르시오. (4점)

19 What are the boy and the girl going to buy?

CD2-26

소년과 소녀는 무엇을 살 것인가요?

① A pot set

② A mug set

③ A plate set

④ A spoon set

20 What time will the man and the woman meet?

CD2-27

남자와 여자는 몇 시에 만날 것인가요?

① At 6:00

② At 7:00

③ At 8:00

④ At 9:00

CD2-28

21 Where will the boy and the girl go after the conversation?

대화 후 소년과 소녀는 어디로 갈 것인가요?

① Bank

② Museum

③ Restaurant

④ Post office

22 What are the man and the girl going to do later?

CD2-29

나중에 남자와 소녀가 할 일은 무엇인가요?

① Go to a market

② Buy new clothes

③ Order some pizza

④ Drink a cup of milk

CD2-30

23~26 Listen to each conversation and choose the best response to the last person's comment.

대화를 듣고 마지막 사람의 말에 대한 응답으로 가장 적절한 것을 고르시오. (4점)

23

CD2-31

① Thank you.

② That's right.

③ Help yourself.

④ You're welcome.

24

CD2-32

① 10 times.

② 10 people.

③ At Gate 10.

④ In 10 minutes.

25

CD2-33

① At the bank.

② At the restaurant.

③ At the concert hall.

④ At the department store.

26

CD2-34

① You can come in.

② You can share mine.

③ You can open the door.

④ You can finish your homework.

CD2-35

27~28 Look at the following chart or picture. Then choose the correct answer for each question.

도표나 그림 자료에 대한 질문에 적절한 답을 고르시오. (4점)

CD2-36

27

Listen and choose the one that matches the picture.

들려주는 내용 중 다음의 그림과 일치하는 것을 고르시오.

① ② ③ ④

CD2-37

28

Listen and choose the one that does NOT match the table.

들려주는 내용 중 다음의 표와 일치하지 않는 것을 고르시오.

COUNTRY	USA	Australia	Japan	France
NAME	Mary and Sue	Lily	Bob and Joy	Mike

① ② ③ ④

CD2-38

29 **Listen and choose the one that does NOT match the two pictures.**

들려주는 내용 중 다음의 두 그림과 일치하지 않는 것을 고르시오. (4점)

CD2-39

① ② ③ ④

CD2-40

30~32 **Listen to each of the four short conversations and choose the one that does NOT sound natural.**

들려주는 대화를 잘 듣고, 대화의 흐름이 자연스럽지 못한 것을 고르시오. (4점)

CD2-41

30 ① ② ③ ④

CD2-42

31 ① ② ③ ④

CD2-43

32 ① ② ③ ④

Reading Part

33~34 Choose the one that can NOT be found.

아래의 띠에 없는 단어를 고르시오. (2점)

33 wsieabookcllqpboaternfbreadwespr

① 책 ② 배 ③ 빵 ④ 비누

34 qasgoathstmniopstarvwpencilgpcni

① 별 ② 염소 ③ 달력 ④ 연필

35~36 Choose the one that is grammatically incorrect.

다음 중 문법적으로 틀리거나 어색한 문장을 고르시오. (4점)

35
① She will buy pens for you.
② You makes a lot of friends.
③ He stops to drink some water.
④ I finished my homework at noon.

36
① He's a good friend of mine.
② They have to leave right now.
③ You should not shout at your sister.
④ She buys many toy for her children.

37~39 Choose the one that best completes the sentence.
빈칸에 들어갈 말로 가장 적절한 것을 고르시오. (4점)

37 It's ringing. Pick up the (   ).

① phone ② socks
③ market ④ umbrella

38 I will send you some flowers (   ).

① yesterday ② years ago
③ last night ④ next week

39 Let's get some air. Please (   ) the window.

① lock ② close
③ look ④ open

40~42 Choose the one that has the most similar meaning to that of the given sentence.
주어진 문장과 가장 가까운 의미를 가진 문장을 고르시오. (4점)

40 It is my thirteenth birthday today.

① I give birth to a baby today.
② I am thirteen years old.
③ I go to a birthday party.
④ I like the number thirteen.

41 My daughter went to see a doctor.

① My daughter went to a hospital.

② My daughter worked for a hospital.

③ My daughter grew up to be a doctor.

④ My daughter enjoyed seeing a doctor.

42 I am good at playing basketball.

① I want to play basketball.

② I am a good basketball player.

③ I am bad at playing basketball.

④ I know a good basketball player.

43~45 Choose the one that best completes the conversation.

대화의 빈 곳에 들어갈 가장 적절한 표현을 고르시오. (4점)

43

A: Are you going to take this?
B: Yes, how much is it?
A: ____________________
B: Here you are.

① It is eighty dollars.

② Help yourself, please.

③ Thank you very much.

④ Tell me when you need any help.

44

A: Jason, did you practice singing for the contest?
B: Yes, I really wanted to win, so I practiced a lot.
A: ______________________
B: Thanks. I'll try my best.

① I wish you good luck.
② I hurt myself so badly.
③ I want to practice a lot.
④ I won the singing contest.

45

A: Great to see you again, Jun.
B: Thank you for coming.
A: ______________________
B: Come this way, please.

① You're welcome.
② You're coming now.
③ You're a great cook.
④ You're very pleased.

46 **Choose the one that makes a conversation by putting each sentence in the correct order.**
자연스러운 대화가 되도록 다음 각 문장들을 올바르게 배열한 것을 고르시오. (4점)

1. Hello? May I speak to Jane?
2. OK. Does Jane have your number?
3. Yes, this is Davis, her yoga teacher.
4. She is not here. Do you want to leave a message?

① 1 - 2 - 4 - 3
② 1 - 3 - 4 - 2
③ 1 - 4 - 2 - 3
④ 1 - 4 - 3 - 2

47~48 **Look at the following ad and choose the correct answer for each question.**
다음의 광고를 보고 주어진 질문에 답하시오. (4점)

'CHILDREN' ENGLISH - AFTERNOON CLASS

MONDAYS, WEDNESDAYS AND FRIDAYS
4:00 p.m. - 6:00 p.m.

Your English will be better in Reading and Writing.

A level test needed.
Tel: 042-401-2151

47 How many times do they have classes in a week?

① Once.
② Twice.
③ Three times.
④ Four times.

48 Which is NOT correct about the ad?

① There is a level test for the class.
② You can go only with children.
③ The class is a reading and writing class.
④ The class is only in the afternoon.

49~50 **Read the following conversation and choose the correct answer for each question.**
다음의 대화를 읽고 주어진 질문에 답하시오. (4점)

A: Diana, do you want to go watch ‘Spider-Man’ or ‘X-Men?’
B: No, I want to watch ‘Frozen’
A: That sounds good, too. Let’s watch it.
B: Hey, why don’t we eat something before watching the movie?
A: OK. How about getting some hamburgers.
B: Great! I’m going to get a cheeseburger.

49 What movie will the boy and the girl watch?

① X-Men
② Frozen
③ Spider-Man
④ Transformers

50 What are the boy and the girl going to do before watching the movie?

① Watch TV
② Make a call
③ Do exercise
④ Eat some food

Writing Part

1~2 **Look at the following picture and fill in each blank by choosing the proper letters.**
그림의 내용과 일치하도록 단어의 철자를 보기 중에서 골라 올바른 순서대로 쓰시오. (4점)

1

ex a, m, t, e, h, s

A: Which subject do you like best?

B: I like _____ _____ _____ _____ best.

2

ex c, e, k, m, a, r, l

A: What do you want for dessert?

B: I want some ice _____ _____ _____ _____ _____.

3~4 **Look at the following picture and put the proper words in the correct order to make a complete sentence.**
그림의 내용과 일치하도록 보기 중에서 적절한 단어를 골라 올바르게 배열하시오. (4점)

3

ex taking, is, a, picture, kicking

The girl _____ _____ _____ _____.

4

ex is, taller, me, smaller, than

She ______ ______ ______ ______.

5 **Look at the following picture and fill in the blank with ONE of the given words to complete the passage.**
보기 중에서 적절한 단어를 골라 써 넣으시오. (4점)

ex coat, boots, scarf, sunglasses

Today I went to a park with my family.

It was sunny, so my family wore __________.

THE END

TOPEL Jr.

2
LEVEL

LevelUp

실전모의고사

2

Listening Part

CD2-45

1~4 **Listen to each word or phrase and choose the one that best shows the meaning.**
들려주는 단어나 어구를 그림으로 가장 잘 나타낸 것을 고르시오. (2점)

CD2-46

1 ① ② ③ ④

CD2-47

2 ① ② ③ ④

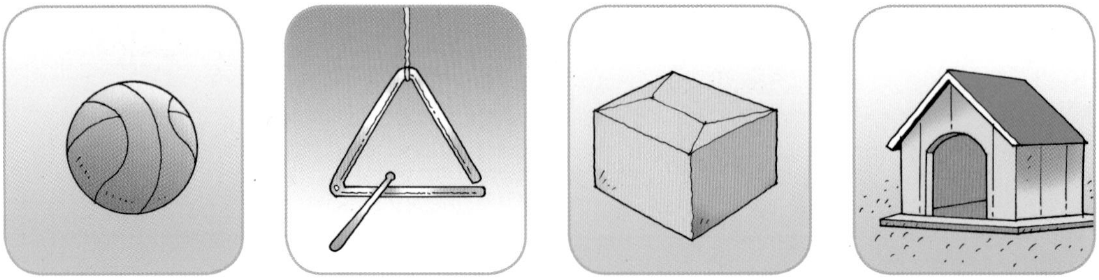

CD2-48

3 ① ② ③ ④

CD2-49

4 ① ② ③ ④

CD2-50

5~8 **Listen to each sentence and choose the one that best shows the meaning.**
들려주는 문장을 그림으로 가장 잘 나타낸 것을 고르시오. (3점)

CD2-51

5 ① ② ③ ④

CD2-52

6 ① ② ③ ④

Listening Part

CD2-53

7 ① ② ③ ④

CD2-54

8 ① ② ③ ④

CD2-55

9~12 Listen to each conversation and choose the correct answer for the question.

대화 내용에 대한 질문에 적절한 답을 고르시오. (3점)

9 What does the girl's mom ask the girl to do?

소녀의 어머니가 소녀에게 부탁한 일은 무엇인가요?

CD2-56

① ② ③ ④

10 What is the boy trying to do?
소년이 하려고 하는 일은 무엇인가요?

CD2-57

① 
② 
③ 
④ 

11 What did the girl do during the weekend?
소녀가 주말에 한 일은 무엇인가요?

CD2-58

① 
② 
③ 
④ 

12 What will the boy and the girl do after the conversation?
대화 후 소년과 소녀가 할 일은 무엇인가요?

CD2-59

① 
② 

③ 
④ 

CD2-60

13~17 Listen to each conversation and the following question. Then choose the correct answer.

대화를 듣고 이어서 들려주는 질문에 적절한 답을 고르시오. (4점)

CD2-61

13 ① ② ③ ④

CD2-62

14 ① ② ③ ④

CD2-63

15 ① ② ③ ④

CD2-64

16

① ② ③ ④

CD2-65

17

① ② ③ ④

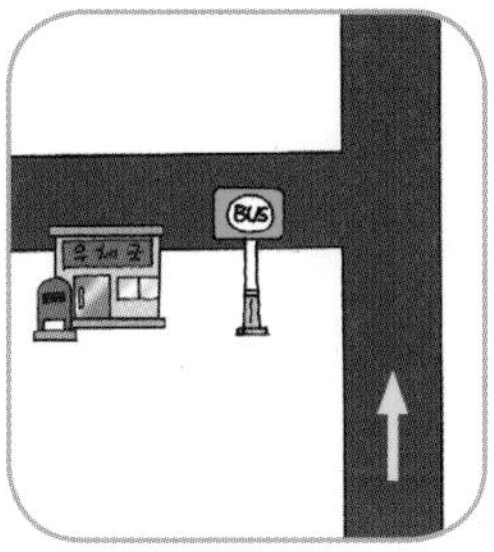

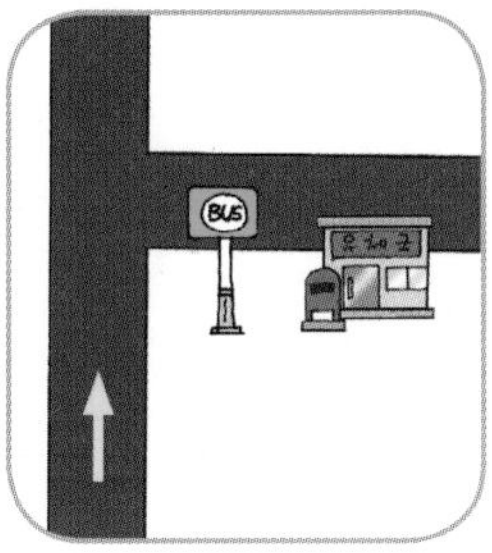

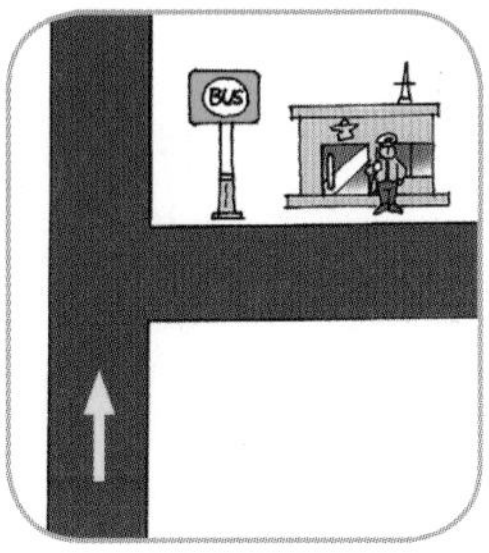

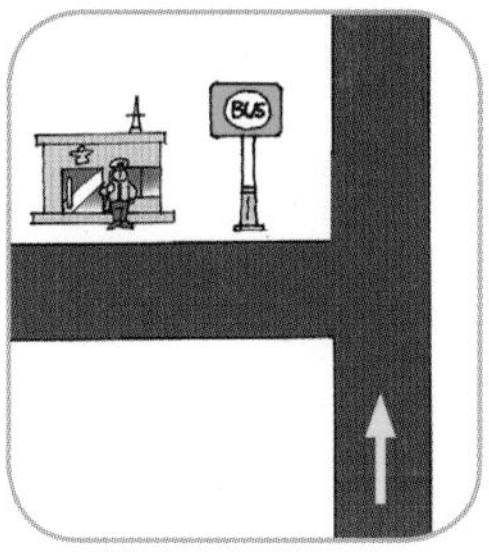

CD2-66

18 Listen and choose the one that best shows what you hear.

들려주는 내용을 그림으로 가장 잘 나타낸 것을 고르시오. (4점)

CD2-67

① ② ③ ④

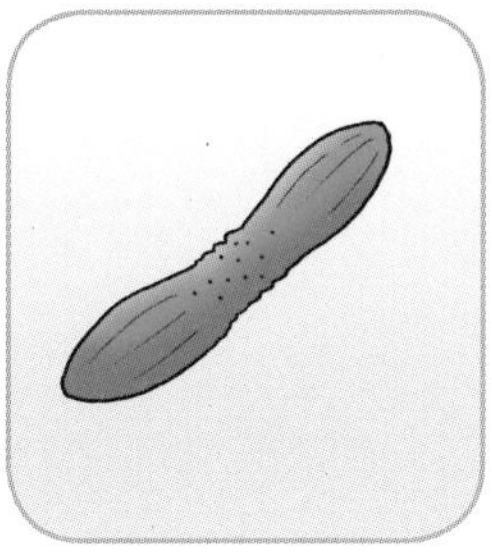

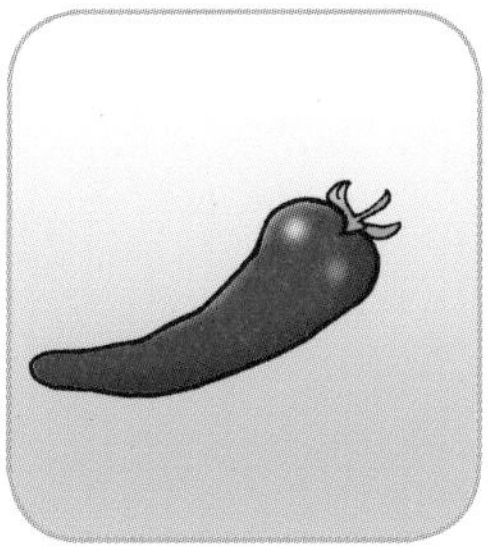

CD2-68

19~22 Listen to each conversation and choose the correct answer for the question.

대화 내용에 대한 질문에 적절한 답을 고르시오. (4점)

19 What are the boy and the girl going to buy? CD2-69

소년과 소녀는 무엇을 살 것인가요?

① A coke

② A jacket

③ A needle

④ A backpack

20 What time will the man and the woman meet? CD2-70

남자와 여자는 몇 시에 만날 것인가요?

① At 3:00

② At 4:00

③ At 5:00

④ At 6:00

21 Where are the woman and the boy going? CD2-71

여자와 소년은 어디로 갈 것인가요?

① To the train station

② To the radio station

③ To the police station

④ To the subway station

CD2-72

22 What are the man and the woman going to do after the conversation? 대화 후 남자와 여자가 할 일은 무엇인가요?

① Keep running

② Eat some food

③ Get some rest

④ Drink some water

CD2-73

23~26 **Listen to each conversation and choose the best response to the last person's comment.**
대화를 듣고 마지막 사람의 말에 대한 응답으로 가장 적절한 것을 고르시오. (4점)

23

CD2-74

① Not yet.

② That's all.

③ That's OK.

④ Yes, please.

24

CD2-75

① Have fun.

② Here you are.

③ Help yourself.

④ Have breakfast.

25

CD2-76

① Five times.

② Five meters.

③ Five years ago.

④ In five minutes.

26

CD2-77

① I got a test, too.

② I'm OK, thank you.

③ I'm so proud of you.

④ I'm sorry to hear that.

CD2-78

27~28 Look at the following chart or picture. Then choose the correct answer for each question.

도표나 그림 자료에 대한 질문에 적절한 답을 고르시오. (4점)

27

CD2-79

Listen and choose the one that maches the picture.

들려주는 내용 중 다음의 그림과 일치하는 것을 고르시오.

① ② ③ ④

28

CD2-80

Listen and choose the one that does NOT match the table.

들려주는 내용 중 다음의 표와 일치하지 않는 것을 고르시오.

Name	Hobby
Tom & Linda	Chess 
Julie	Music 
Mickey	Sports 
Kevin & Anna	Movies 

① ② ③ ④

CD2-81

29 Listen and choose the one that does NOT match the two pictures.

들려주는 내용 중 다음의 두 그림과 일치하지 않는 것을 고르시오. (4점)

CD2-82

① ② ③ ④

CD2-83

30~32 Listen to each of the four short conversations and choose the one that does NOT sound natural.

들려주는 대화를 잘 듣고, 대화의 흐름이 자연스럽지 못한 것을 고르시오. (4점)

CD2-84

30 ① ② ③ ④

CD2-85

31 ① ② ③ ④

CD2-86

32 ① ② ③ ④

Reading Part

33~34 Choose the one that can NOT be found.

아래의 띠에 없는 단어를고르시오. (2점)

33 wsieashipcllqglassesperndduckfwtoothpa

① 오리 ② 치약 ③ 배 ④ 안경

34 chaisgrapeshstnewspapermniopvasewg

① 포도 ② 신문 ③ 의자 ④ 꽃병

35~36 Choose the one that is grammatically incorrect.

다음 중 문법적으로 틀리거나 어색한 문장을 고르시오. (4점)

35
① She can sing very well.
② I like to draw pictures.
③ He look after his baby.
④ They opened the window.

36
① It might be cloudy outside.
② My friend gave me a pencil.
③ You can have these cookies.
④ We bought a bags yesterday.

37~39 Choose the one that best completes the sentence.
빈칸에 들어갈 말로 가장 적절한 것을 고르시오. (4점)

37 It's raining. Please take your (   ).

① watch ② earrings
③ gloves ④ umbrella

38 I went to sleep late (   ).

① later ② tomorrow
③ last night ④ next month

39 Mr. Robins (   ) a big mistake.

① made ② lost
③ drove ④ talked

40~42 Choose the one that has the most similar meaning to that of the given sentence.
주어진 문장과 가장 가까운 의미를 가진 문장을 고르시오. (4점)

40 I am good at playing the violin.

① I am a bad violin player.
② I can play the violin well.
③ I have a good violin at home.
④ I have never played the violin before.

41 Luke was late for school today.

① Luke was absent from school today.
② Luke was not at school on time today.
③ Luke took the late class at school today.
④ Luke came home late from school today.

42 No student is smarter than Chris in his class.

① Chris is smart and takes many classes.
② Chris knows smart students in his class.
③ Chris is the smartest student in his class.
④ There are many smart students in his class.

43~45 Choose the one that best completes the conversation.

대화의 빈 곳에 들어갈 가장 적절한 표현을 고르시오. (4점)

43

A: I'm going to go grocery shopping.
B: Then, please get a bottle of juice.
A: ____________________
B: No, that's it.

① Can I try it on?
② Anything else?
③ May I help you?
④ How much is it?

44

A: Thank you for inviting me.
B: Thank you for coming.
A: ______________________
B: Come this way, please.

① Follow me here.
② It's my pleasure.
③ It's an invitation.
④ I'm coming now.

45

A: I went ice skating with my friends.
B: Great! Did you enjoy yourself there?
A: ______________________
B: I'm glad to hear that.

① Yes, I had a good time.
② Yes, I heard about you.
③ No, I couldn't go skating.
④ No, nothing can be changed.

46 Choose the one that makes a conversation by putting each sentence in the correct order.
자연스러운 대화가 되도록 다음 각 문장들을 올바르게 배열한 것을 고르시오. (4점)

1. Sure, go ahead.
2. Don't you think it's too cold here?
3. Well, not really. Do you feel cold?
4. Yes, I do. So, is it OK to close the window?

① 2 - 1 - 4 - 3
② 2 - 3 - 1 - 4
③ 2 - 3 - 4 - 1
④ 2 - 4 - 3 - 1

47~48 Look at the following ad and choose the correct answer for each question.
다음의 광고를 보고 주어진 질문에 답하시오. (4점)

'MOVING SALE'
Hi, it's Peter. I'm moving to Denver next Saturday. I'm selling some items in my house. These are new, but too big to take with me. The following items will be on sale until next Thursday. Thank you.
Bed $100
TV(50inch) $100
Sofa $45
Piano $300
Bye!
Denver
(TEL: 714-246-6696)

47 Until when can you buy the items from Peter?

① Next Tuesday
② Next Thursday
③ Next Friday
④ Next Saturday

48 Which is NOT correct about the ad?

① Peter is moving to Denver.
② The sofa is the cheapest item.
③ Peter is selling small sized items.
④ The TV and the bed are the same price.

49~50 Read the following conversation and choose the correct answer for each question.

다음의 대화를 읽고 주어진 질문에 답하시오. (4점)

Paul : What do you want to be when you grow up?
Cindy : I want to be a scientist.
Paul : Ah, that's why you study science so hard.
Cindy : Yes, you are right. And do you still want to be an actor?
Paul : No, I changed my mind. I want to be a writer.
Cindy : Then, you should read many books.

49 What does the girl want to be?

① A writer

② A teacher

③ An actress

④ A scientist

50 What did the girl advise the boy to do?

① Get up early.

② Study science.

③ Read a lot of books.

④ Watch many movies.

Writing Part

1~2 **Look at the following picture and fill in each blank by choosing the proper letters.**
그림의 내용과 일치하도록 단어의 철자를 보기 중에서 골라 올바른 순서대로 쓰시오. (4점)

1

ex f, o, p, l, g, k

A: What is your brother doing now?
B: He is playing ___ ___ ___ ___.

2

ex n, w, h, t, a, r, e, i

A: Which season is your favorite?
B: I like ___ ___ ___ ___ ___ ___ best.

3~4 **Look at the following picture and put the proper words in the correct order to make a complete sentence.**
그림의 내용과 일치하도록 보기 중에서 적절한 단어를 골라 올바르게 배열하시오. (4점)

3

ex on, April, born, May, was, 17th

Jane ________ ________ ________
________ ________.

4

ex taking, his, child, of, care, toys

The man is _______ _______ _______ _______ _______.

5 **Look at the following picture and fill in the blank with ONE of the given words to complete the passage.**
그림의 내용과 일치하도록 보기 중에서 적절한 단어를 골라 써 넣으시오. (4점)

ex doctor, teacher, patient, girl

This morning, when I woke up, I felt very sick.

I had to go to see a __________. I hope I feel better soon.

THE END

TOPEL Jr.

2
LEVEL

Level Up

실전모의고사

3

Listening Part

CD3-02

1~4 **Listen to each word or phrase and choose the one that best shows the meaning.**

들려주는 단어나 어구를 그림으로 가장 잘 나타낸 것을 고르시오. (2점)

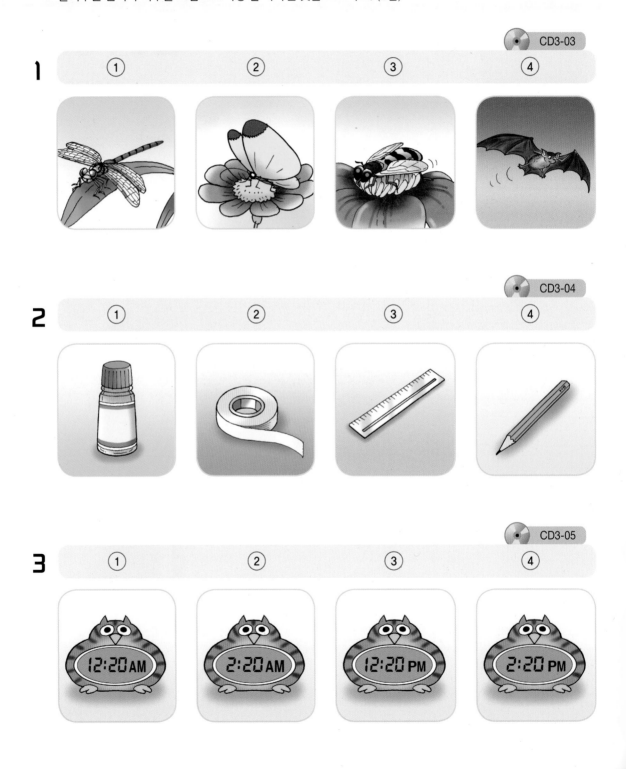

CD3-03

1 ① ② ③ ④

CD3-04

2 ① ② ③ ④

CD3-05

3 ① ② ③ ④

CD3-06

4 ① ② ③ ④

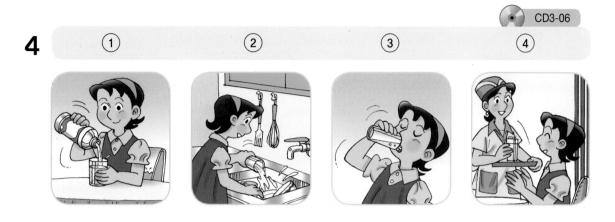

CD3-07

5~8 **Listen to each sentence and choose the one that best shows the meaning.**
들려주는 문장을 그림으로 가장 잘 나타낸 것을 고르시오. (3점)

CD3-08

5 ① ② ③ ④

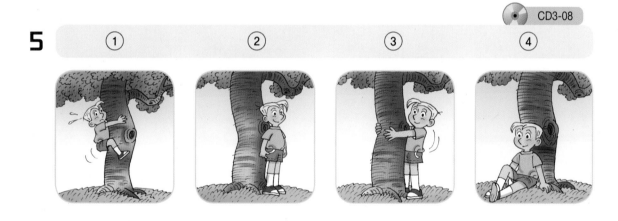

CD3-09

6 ① ② ③ ④

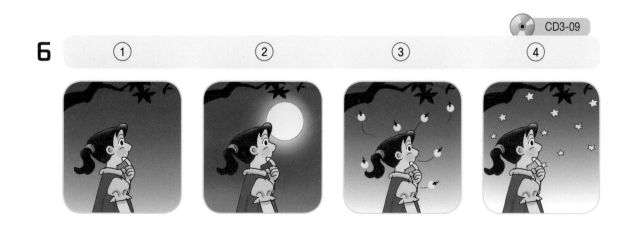

CD3-10

7 ① ② ③ ④

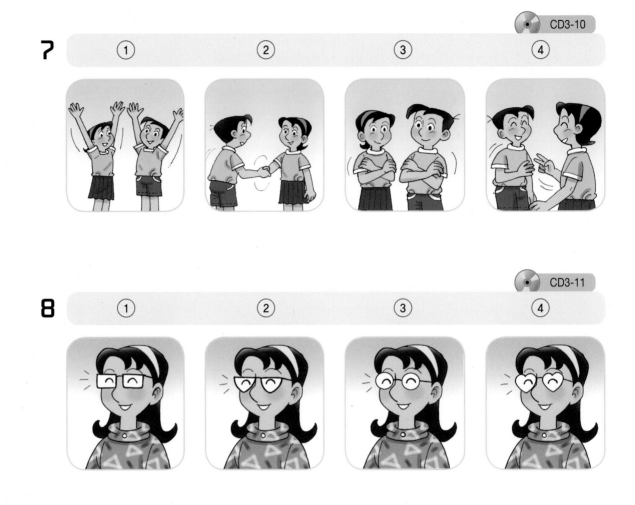

CD3-11

8 ① ② ③ ④

CD3-12

9~12 Listen to each conversation and choose the correct answer for the question.

대화 내용에 대한 질문에 적절한 답을 고르시오. (3점)

9 What is Jake doing now? Jake가 지금 무엇을 하고 있나요?

CD3-13

① ② ③ ④

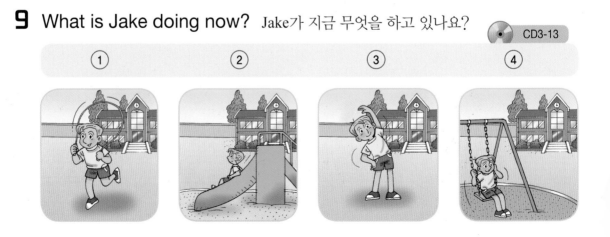

10 What best shows the situation?
대화의 상황을 가장 잘 나타낸 것은 무엇인가요?

CD3-14

① 

② 

③ 

④ 

11 What will the boy do after the conversation?
대화 후 소년이 할 일은 무엇인가요?

CD3-15

① 

② 

③ 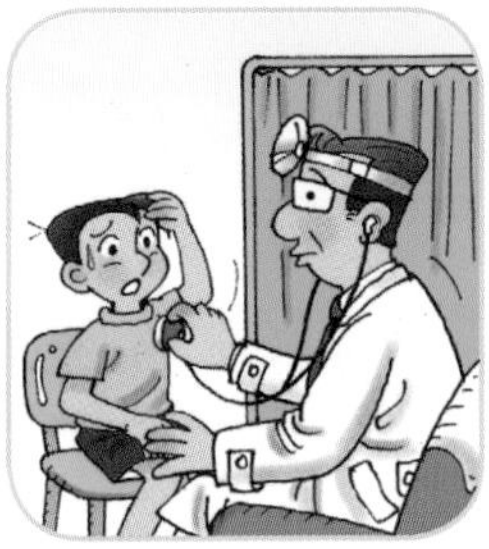

④ 

12 Which animals will the boy and the girl see first?
소년과 소녀가 가장 먼저 볼 동물은 무엇인가요?

CD3-16

① 

② 

③ 

④ 

CD3-17

13~17 Listen to each conversation and the following question. Then choose the correct answer.

대화를 듣고 이어서 들려주는 질문에 적절한 답을 고르시오. (4점)

CD3-18

13

① 
② 
③ 
④ 

CD3-19

14

① 
② 
③ 
④ 

CD3-20

15

① 
② 
③ 
④ 

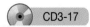

CD3-21

16 ① ② ③ ④

CD3-22

17 ① ② ③ ④

CD3-23

18 Listen and choose the one that best shows what you hear.

들려주는 내용을 그림으로 가장 잘 나타낸 것을 고르시오. (4점)

CD3-24

① ② ③ ④

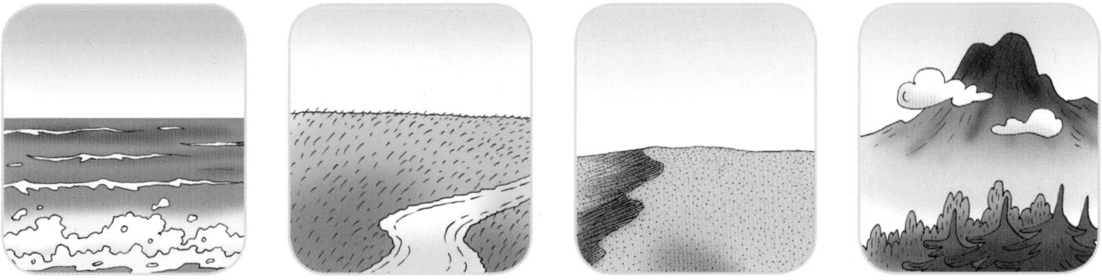

CD3-25

19~22 Listen to each conversation and choose the correct answer for the question.

대화 내용에 대한 질문에 적절한 답을 고르시오. (4점)

19 Where will the boy and the girl go? CD3-26

소년과 소녀가 갈 곳은 어디인가요?

① To a bank

② To a museum

③ To a bookstore

④ To a clothing store

20 Who are the boy and the girl talking about? CD3-27

소년과 소녀가 누구에 대해서 이야기하고 있나요?

① The girl's uncle

② The girl's friend

③ The boy's dentist

④ The boy's teacher

21 How long does it take to go to Maryland by car? CD3-28

매릴랜드에 차로 가는 데 시간이 얼마나 걸리나요?

① 5 hours

② 6 hours

③ 7 hours

④ 8 hours

22 What does the woman want the boy to do?

여자는 소년이 무엇을 하기를 원하나요?

CD3-29

① Eat fruit

② Drink cola

③ Drink milk

④ Eat vegetables

CD3-30

23~26 **Listen to each conversation and choose the best response to the last person's comment.**

대화를 듣고 마지막 사람의 말에 대한 응답으로 가장 적절한 것을 고르시오. (4점)

23

CD3-31

① Yes, I am.

② Yes, it was.

③ No, I didn't.

④ No, it won't.

24

CD3-32

① 3 years old.

② For 2 people.

③ To have dinner.

④ At around 8 pm.

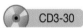

25

CD3-33

① It is sunny.

② It is time to go.

③ It is not in Seoul.

④ It is far from London.

26

CD3-34

① They are over there.

② They are two dollars.

③ Those ties look great.

④ I am going to the mall.

CD3-35

27~28 Look at the following chart or picture. Then choose the correct answer for each question.

도표나 그림 자료에 대한 질문에 적절한 답을 고르시오. (4점)

CD3-36

27

Listen and choose the one that matches the picture.

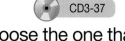

들려주는 내용 중 다음의 그림과 <u>일치하는</u> 것을 고르시오.

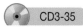

① ② ③ ④

CD3-37

28

Listen and choose the one that does NOT match the receipt.

들려주는 내용 중 다음의 영수증과 <u>일치하지 않는</u> 것을 고르시오.

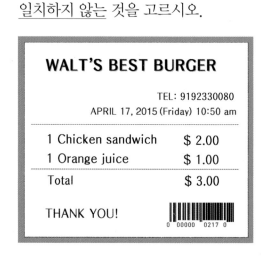

WALT'S BEST BURGER

TEL: 9192330080

APRIL 17, 2015 (Friday) 10:50 am

1 Chicken sandwich	$ 2.00
1 Orange juice	$ 1.00
Total	$ 3.00

THANK YOU!

0 00000 0217 0

① ② ③ ④

CD3-38

29 **Listen and choose the one that does NOT match the two pictures.**
들려주는 내용 중 다음의 두 그림과 일치하지 않는 것을 고르시오. (4점)

CD3-39

① ② ③ ④

CD3-40

30~32 **Listen to each of the four short conversations and choose the one that does NOT sound natural.**
들려주는 대화를 잘 듣고, 대화의 흐름이 자연스럽지 못한 것을 고르시오. (4점)

CD3-41

30 ① ② ③ ④

CD3-42

31 ① ② ③ ④

CD3-43

32 ① ② ③ ④

Reading Part

33~34 **Choose the one that can NOT be found.**
아래의 띠에 없는 단어를 고르시오. (2점)

33

abeballxuydesketvazsiwatchneqtrcebezkiittnge

① 공 ② 책상 ③ 손목시계 ④ 바구니

34

plasaunteysclfemeylougscousinejubrotheramn

① 숙모 ② 가족 ③ 사촌 ④ 남자형제

35~36 **Choose the one that is grammatically incorrect.**
다음 중 문법적으로 틀리거나 어색한 문장을 고르시오. (4점)

35
① He will call you.
② She speaks slowly.
③ I am listen to music.
④ They met Mr. Kim yesterday.

36
① You look excited.
② We like talking to you.
③ Jack is brushing his teeth.
④ My grandma has an apples.

37~39 Choose the one that best completes the sentence.
빈칸에 들어갈 말로 가장 적절한 것을 고르시오. (4점)

37 My father (   ) his car to work.

① eats ② asks
③ stays ④ drives

38 I ran very (   ), so I won the race.

① sadly ② kindly
③ loudly ④ quickly

39 Do not sit (   ) the table.

① of ② on
③ up ④ out

40~42 Choose the one that has the most similar meaning to that of the given sentence.
주어진 문장과 가장 가까운 의미를 가진 문장을 고르시오. (4점)

40 I send Jenna e-mails.

① I like sending e-mails.
② I send e-mails to Jenna.
③ Jenna reads many e-mails.
④ Jenna sends me e-mails every day.

41 You should not waste food.

① You did not waste food.

② You will not waste food.

③ You must not waste food.

④ You could not waste food.

42 James and I ride a bicycle together.

① I ride a bicycle with James.

② James borrowed my bicycle.

③ James and I got new bicycles.

④ James and I can ride bicycles very well.

43~45 Choose the one that best completes the conversation.

대화의 빈 곳에 들어갈 가장 적절한 표현을 고르시오. (4점)

43

A : Is it your Barbie doll?
B : Yes, it's a gift from my dad.
A : ______________________
B : Yes, it does. I call it Mimi.

① Is it your doll?

② Is it really pretty?

③ Does it have a name?

④ Do you have more dolls?

44

A : Did you get your report card?
B : Yes. I got a good grade in math.
A : ______________________
B : Wow! We are both good at math.

① Me, too.

② Yes, I did.

③ Thank you.

④ No, we don't.

45

A : Hello, Tom.
B : Hi. I am having a party tomorrow. Can you come?
A : ______________________
B : Oh, why not?

① I'm coming home.

② I'm sorry, but I can't.

③ Who is the party for?

④ When does the party start?

46 **Choose the one that makes a conversation by putting each sentence in the correct order.**
자연스러운 대화가 되도록 다음 각 문장들을 올바르게 배열한 것을 고르시오. (4점)

1. Is it helpful?
2. How do you study English?
3. I read children's books in English every day.
4. Sure it is.

① 2 - 1 - 3 - 4 ② 2 - 1 - 4 - 3
③ 2 - 3 - 1 - 4 ④ 2 - 3 - 4 - 1

47~48 **Look at the following album and choose the correct answer for each question.**
다음의 앨범을 보고 주어진 질문에 답하시오. (4점)

Brenda wants to introduce her schoolmates to you

Name	Rita	Ashley	Martin	Andy
Age	11	11	10	12
Hobby	Taking pictures	Shopping	Reading	Playing the guitar

47 What can you NOT see in the album?

① Andy's face
② Rita's hobby
③ Martin's age
④ Ashley's school's name

48 Which of the following is true?

① Andy can play the guitar.
② Rita is older than Ashley.
③ Ashley does not like shopping.
④ Brenda is introducing her five friends.

49~50 **Read the following conversation and choose the correct answer for each question.**
다음의 대화를 읽고 주어진 질문에 답하시오. (4점)

Becky : Did you like the movie, *The Great Man*?
Tim : Yes. I liked the story of the movie most. How about you?
Becky : I liked the actors. They were handsome.
Tim : Well, they were OK. But I don't think the music was good.
Becky : Really? I enjoyed the movie better thanks to the music.
Tim : Well, I didn't.

49 What did Tim like most about the movie?

① Its title
② Its story
③ Its music
④ Its actors

50 Which is NOT true about Becky?

① She enjoyed watching the movie.
② She liked the actors in the movie.
③ She didn't like the music of the movie.
④ She thought the actors were handsome.

Writing Part

1~2 **Look at the following picture and fill in each blank by choosing the proper letters.**
그림의 내용과 일치하도록 단어의 철자를 보기 중에서 골라 올바른 순서대로 쓰시오. (4점)

1

ex p, o, u, s, h, n, o

A : Oops! I dropped my __ __ __ __ __.

B : That's okay. Here is a new one.

2

ex t, e, a, w, r, i, l

A : What do you do before going to bed?

B : I __ __ __ __ __ my diary.

3~4 **Look at the following picture and put the proper words in the correct order to make a complete sentence.**
그림의 내용과 일치하도록 주어진 보기 중에서 적절한 단어를 골라 올바르게 배열하시오. (4점)

3

ex a, yesterday, picnic, went, on, run

We ________ ________ ________ ________ ________.

4

ex boy, to, next, the, front, sitting

A girl is ________ ________ ________ ________ ________ .

5 **Look at the following picture and fill in the blank with <u>ONE</u> of the given words to complete the passage.**

그림의 내용과 일치하도록 보기 중에서 적절한 단어를 골라 써 넣으시오. (4점)

ex soccer, badminton, tennis, swimming

My favorite thing to do is playing ________. I am not tall but I can jump very high. In the future, I want to be a great player like Park Ji-sung.

Writing Part

THE END

TOPEL Jr.

2

LEVEL

Level Up

실전모의고사

4

Listening Part

CD3-45

1~4 **Listen to each word or phrase and choose the one that best shows the meaning.**
들려주는 단어나 어구를 그림으로 가장 잘 나타낸 것을 고르시오. (2점)

CD3-46

1 ① ② ③ ④

CD3-47

2 ① ② ③ ④

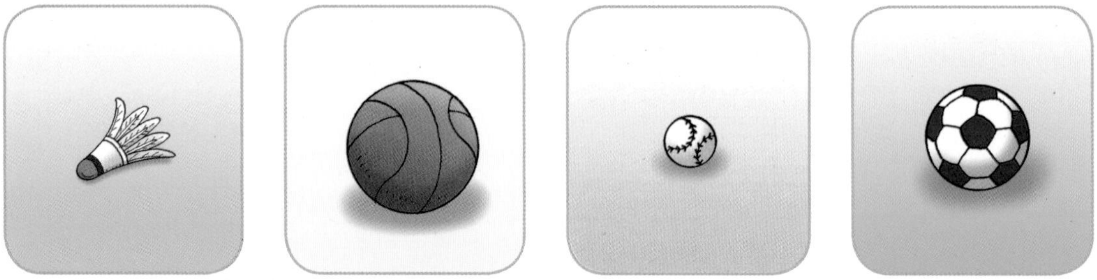

CD3-48

3 ① ② ③ ④

CD3-49

4 ① ② ③ ④

CD3-50

5~8 **Listen to each sentence and choose the one that best shows the meaning.**

들려주는 문장을 그림으로 가장 잘 나타낸 것을 고르시오. (3점)

CD3-51

5 ① ② ③ ④

CD3-52

6 ① ② ③ ④

CD3-53

7

① ② ③ ④

CD3-54

① ② ③ ④

8

CD3-55

9~12 **Listen to each conversation and choose the correct answer for the question.**
대화 내용에 대한 질문에 적절한 답을 고르시오. (3점)

9 What is the boy looking for? 소년은 무엇을 찾고 있나요?

CD3-56

① ② ③ ④

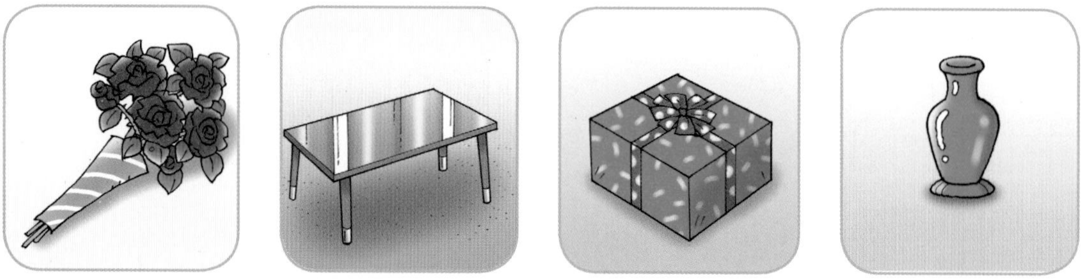

10 What does the boy want to be in the future?

소년의 장래 희망은 무엇인가요?

CD3-57

①

②

③

④

11 How will the girl go to the library?

소녀는 어떻게 도서관에 갈 것인가요?

CD3-58

①

②

③

④

12 What did the boy do yesterday?

소년은 어제 무엇을 했나요?

CD3-59

①

②

③

④

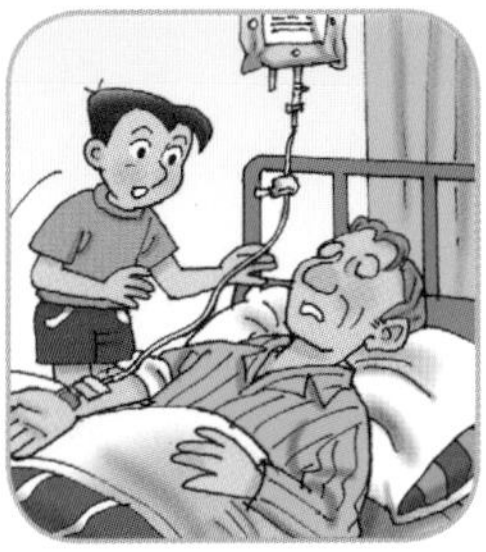

CD3-60

13~17 Listen to each conversation and the following question. Then choose the correct answer.

대화를 듣고 이어서 들려주는 질문에 적절한 답을 고르시오. (4점)

CD3-61

13

① ② ③ ④

CD3-62

14

① ② ③ ④

CD3-63

15

① ② ③ ④

CD3-64

16

① ② ③ ④

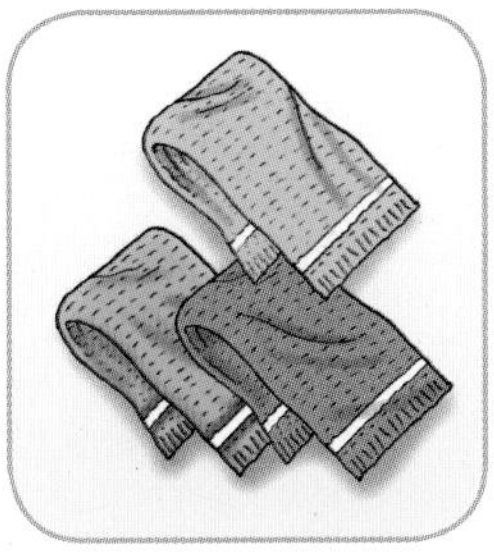

CD3-65

17

① ② ③ ④

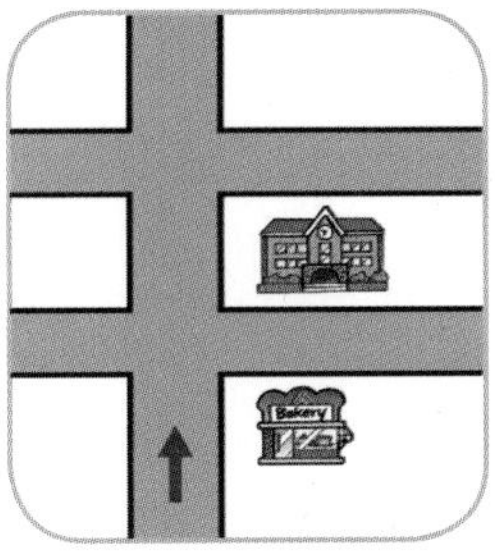

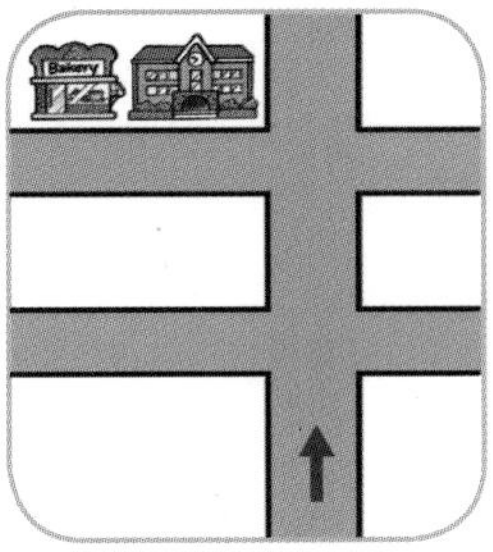

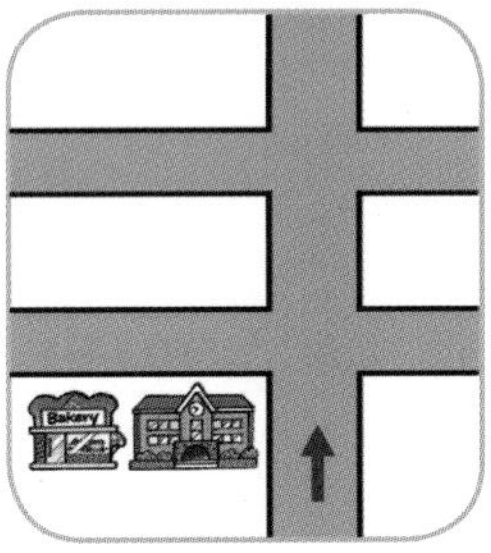

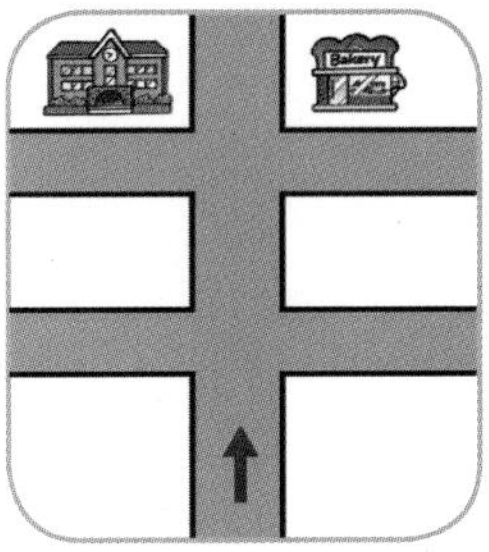

CD3-66

18 Listen and choose the one that best shows what you hear.

들려주는 내용을 그림으로 가장 잘 나타낸 것을 고르시오. (4점)

CD3-67

① ② ③ ④

CD3-68

19~22 Listen to each conversation and choose the correct answer for the question.

대화 내용에 대한 질문에 적절한 답을 고르시오. (4점)

19 Who is the boy talking to?

CD3-69

소년은 누구와 이야기를 나누고 있나요?

① A farmer

② A banker

③ A teacher

④ A waitress

20 When will the girl have a party?

CD3-70

소녀는 언제 파티를 열 것인가요?

① On Wednesday

② On Thursday

③ On Friday

④ On Saturday

21 Where will the boy go today?

CD3-71

소년이 오늘 갈 장소는 어디인가요?

① To a museum

② To a mountain

③ To a bookstore

④ To an amusement park

22 What does the man ask the girl to do?

CD3-72

남자가 소녀에게 부탁하는 것은 무엇인가요?

① Buy eggs

② Cook eggs

③ Clean the garden

④ Water the flowers

CD3-73

23~26 Listen to each conversation and choose the best response to the last person's comment.

대화를 듣고 마지막 사람의 말에 대한 응답으로 가장 적절한 것을 고르시오. (4점)

23

CD3-74

① He's 150 cm tall.

② He's 10 years old.

③ He's very handsome.

④ He's from the U.S.A.

24

CD3-75

① It's 2:30.

② My pleasure.

③ That's alright.

④ I'm waiting for my sister.

25

CD3-76

① Yes, I do.

② No, it is not.

③ Yes, it is early in the morning.

④ No, I didn't sleep well.

26

CD3-77

① Me, too.

② Go ahead.

③ I am not kind.

④ She's my teacher.

CD3-78

27~28 **Look at the following chart or picture. Then choose the correct answer for each question.**
도표나 그림 자료에 대한 질문에 적절한 답을 고르시오. (4점)

CD3-79

27

Listen and choose the one that matches the picture.
들려주는 내용 중 다음의 그림과 일치하는 것을 고르시오.

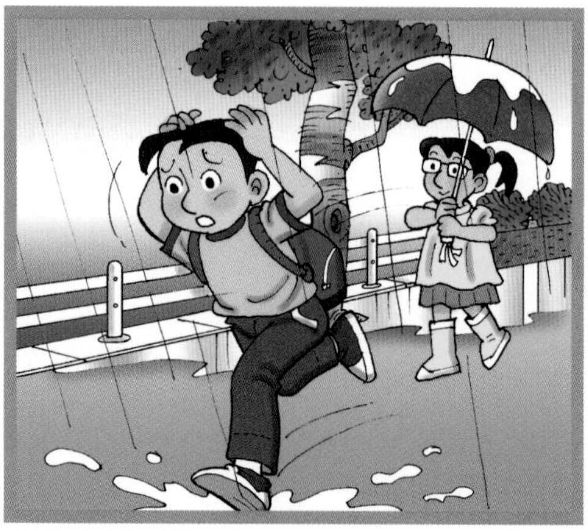

① ② ③ ④

CD3-80

28

Listen and choose the one that does NOT match the menu.
들려주는 내용 중 다음의 메뉴와 일치하지 않는 것을 고르시오.

① ② ③ ④

CD3-81

29 Listen and choose the one that does NOT match the two pictures.

들려주는 내용 중 다음의 두 그림과 일치하지 않는 것을 고르시오. (4점)

CD3-82

① ② ③ ④

CD3-83

30~32 Listen to each of the four short conversations and choose the one that does NOT sound natural.

들려주는 대화를 잘 듣고, 대화의 흐름이 자연스럽지 못한 것을 고르시오. (4점)

CD3-84

30 ① ② ③ ④

CD3-85

31 ① ② ③ ④

CD3-86

32 ① ② ③ ④

Reading Part

33~34 Choose the one that can NOT be found.
아래의 띠에 없는 단어를 고르시오. (2점)

33 abisdooreaolllbedunxsvwinbawugdeskisubo

① 문 ② 침대 ③ 창문 ④ 책상

34 cusmslegglemunfoietpexulhandenbizheadir

① 다리 ② 발 ③ 손 ④ 머리

35~36 Choose the one that is grammatically incorrect.
다음 중 문법적으로 틀리거나 어색한 문장을 고르시오. (4점)

35
① He is very careful.
② We will go fishing.
③ I saw two polar bear.
④ She is calling her friend.

36
① It is Donna's bag.
② I am write a letter.
③ You may go home.
④ James speaks Chinese.

37~39 **Choose the one that best completes the sentence.**
빈칸에 들어갈 말로 가장 적절한 것을 고르시오. (4점)

37 I have a question (   ) the class.

① up ② out
③ down ④ about

38 I'm (   ), so I can't eat anymore.

① full ② long
③ light ④ warm

39 Your ideas (   ) good!

① see ② smell
③ touch ④ sound

40~42 **Choose the one that has the most similar meaning to that of the given sentence.**
주어진 문장과 가장 가까운 의미를 가진 문장을 고르시오. (4점)

40 Tim gave me a card.

① I sent a card to Tim.
② I got a card from Tim.
③ Tim gave me many gifts.
④ Tim liked sending cards.

41 Will you sing with me?

① Can you sing well?

② Shall we sing together?

③ Are you going to be a singer?

④ Which singer do you like best?

42 It's nice to meet you.

① You look nice today.

② I'm glad to meet you.

③ You're very nice to me.

④ I hope to meet you again.

43~45 Choose the one that best completes the conversation.

대화의 빈 곳에 들어갈 가장 적절한 표현을 고르시오. (4점)

43

A : Who's there?
B : It's me, Maria!
A : ________________________
B : Thank you.

① That's too bad.

② Be quiet, please.

③ Come in, please.

④ You weren't there.

44

A : How can I help you?
B : Do you have this skirt in blue?
A : ____________________
B : Then, do you have a green one?

① No, it was not green.
② Yes, I made the skirt.
③ No, we don't have any.
④ Yes, it looks good on me.

45

A : What elementary school do you go to?
B : I go to Kennedy Elementary School.
A : ____________________
B : I'm in 5th grade.

① How far is the school?
② What grade are you in?
③ How do you go to school?
④ When did you enter the school?

46 **Choose the one that makes a conversation by putting each sentence in the correct order.**
자연스러운 대화가 되도록 다음 각 문장들을 올바르게 배열한 것을 고르시오. (4점)

1. How often do you eat at a restaurant?
2. Once a week.
3. I love going to a Japanese restaurant.
4. What kind of restaurant do you like to go to?

① 1 - 2 - 3 - 4 ② 1 - 2 - 4 - 3
③ 1 - 3 - 2 - 4 ④ 1 - 3 - 4 - 2

47~48 **Look at the following invitation and choose the correct answer for each question.**
다음의 초대장을 보고 주어진 질문에 답하시오. (4점)

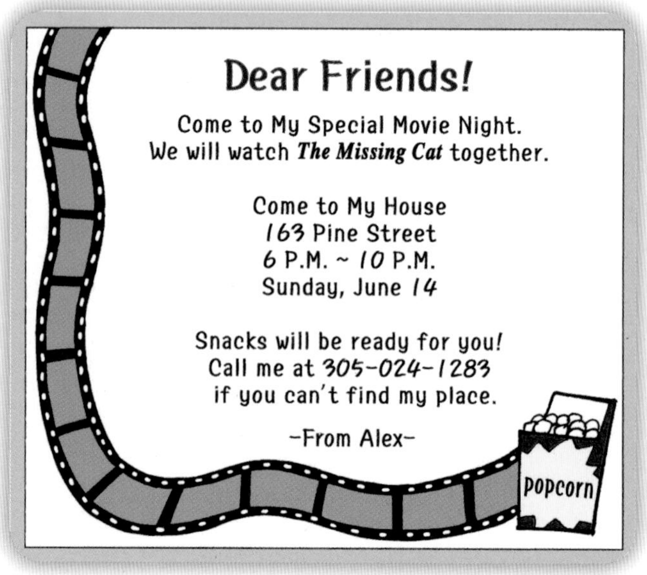
Dear Friends!
Come to My Special Movie Night.
We will watch *The Missing Cat* together.
Come to My House
163 Pine Street
6 P.M. ~ 10 P.M.
Sunday, June 14
Snacks will be ready for you!
Call me at 305-024-1283
if you can't find my place.
-From Alex-
popcorn

47 Which movie will the guests watch?

① *The Friends*

② *The Pine House*

③ *The Missing Cat*

④ *The Special Night*

48 Which of the followings is true?

① The event will be held on July 14.

② The guests should bring some snacks.

③ The event will start at 6 in the evening.

④ The guests can e-mail Alex if they can't find the place.

49~50 Read the following conversation and choose the correct answer for each question.

다음의 대화를 읽고 주어진 질문에 답하시오. (4점)

Mr. Hunt : Today, we'll talk about Christmas in class. Jasmine, can you tell your classmates about what you do at Christmas?
Jasmine : OK. First, my family and I decorate a Christmas tree.
Mr. Hunt : I see. Do you give presents to your family members?
Jasmine : Yes. They give me some gifts, too.
Mr. Hunt : That's nice. What else do you do?
Jasmine : We also eat a big meal.

49 What is the relationship between Mr. Hunt and Jasmine?

① Cook – Guest
② Parent – Daughter
③ Teacher – Student
④ Store clerk – Customer

50 What does NOT Jasmine's family do at Christmas?

① Have a big meal
② Sing Christmas songs
③ Give gifts to each other
④ Decorate a Christmas tree

Writing Part

1~2 **Look at the following picture and fill in each blank by choosing the proper letters.**
그림의 내용과 일치하도록 단어의 철자를 보기 중에서 골라 올바른 순서대로 쓰시오. (4점)

1

ex t, o, u, l, d, l

A : You have a pretty ____ ____ ____ ____.

B : Thanks. I love playing with it.

2

ex g, p, u, f, m, j

A : Wow. You can ____ ____ ____ ____ very high!

B : Yeah. I practice every day.

3~4 **Look at the following picture and put the proper words in the correct order to make a complete sentence.**
그림의 내용과 일치하도록 보기 중에서 적절한 단어를 골라 올바르게 배열하시오. (4점)

3

ex girl, looking, the, standing, at

The boy is ______ ______ ______ ______.

4

ex a, with, chair, picture, pencil, a

I drew ________ ________ ________ ________ ________.

5 **Look at the following picture and fill in the blank with <u>ONE</u> of the given words to complete the passage.**
그림의 내용과 일치하도록 보기 중에서 적절한 단어를 골라 써 넣으시오. (4점)

ex airplane, ship, bike, car

Last summer, I went to Japan to see my cousin.
I went there by ________ and it was so fun.

THE END

TOPEL Jr.

2
LEVEL

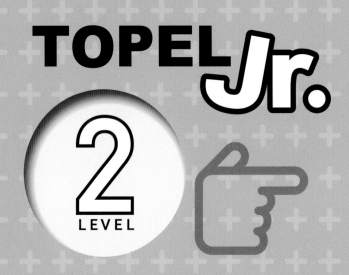

답안지 작성 요령
▶ 과제 번호, 이름, 지역코드, 검정장코드, 응시번호는 자동마킹되어 있습니다.
▶ 본인의 인적사항과 일치하는지 확인 후 본인확인란에 자필로 이름을 쓰세요.

NELSA National Evaluation of Language skill Association

TOPEL Jr. 답안지

과제 번호	실전모의고사 1회
이름	

감독위원 확인
㉧

지역코드		검정장코드		응시번호				
4	3	0	2	1	0	0	0	1

본인확인
본인의 이름을 자필로 쓰시오.

[유의사항]
1. 답란을 포함한 모든 표기사항은 반드시 컴퓨터용 연필을 사용해야 합니다.
2. 표기가 잘못되었을 경우는 지우개로 깨끗이 지운 후 다시 칠하십시오.
3. 모든 표기요령은 아래와 같이 원안을 까맣게 칠해야 합니다.
4. 응시자의 답안지 기재 오류로 인한 불이익은 책임지지 않습니다.

◆ 해당 문제 답란의 ① ② ③ ④중에서 정답의 번호를 골라 아래 예시와 같이 까맣게【●】칠하시오.
* 예시 : ① ② ③ ④중에서 ②가 정답일 경우 : ① ● ③ ④

문제번호	답 란	문제번호	답 란	문제번호	답 란
1	①②③④	21	①②③④	41	①②③④
2	①②③④	22	①②③④	42	①②③④
3	①②③④	23	①②③④	43	①②③④
4	①②③④	24	①②③④	44	①②③④
5	①②③④	25	①②③④	45	①②③④
6	①②③④	26	①②③④	46	①②③④
7	①②③④	27	①②③④	47	①②③④
8	①②③④	28	①②③④	48	①②③④
9	①②③④	29	①②③④	49	①②③④
10	①②③④	30	①②③④	50	①②③④
11	①②③④	31	①②③④	51	①②③④
12	①②③④	32	①②③④	52	①②③④
13	①②③④	33	①②③④	53	①②③④
14	①②③④	34	①②③④	54	①②③④
15	①②③④	35	①②③④	55	①②③④
16	①②③④	36	①②③④		
17	①②③④	37	①②③④		
18	①②③④	38	①②③④		
19	①②③④	39	①②③④		
20	①②③④	40	①②③④		

쓰기 문제 (1번 ~ 5번)					
1	0	1	2	3	4
2	0	1	2	3	4
3	0	1	2	3	4
4	0	1	2	3	4
5	0	1	2	3	4

답안지 작성 요령

▶ 과제 번호, 이름, 지역코드, 검정장코드, 응시번호는 자동마킹되어 있습니다.

▶ 본인의 인적사항과 일치하는지 확인 후 본인확인란에 자필로 이름을 쓰세요.

NELSA National Evaluation of Language skill Association

과제 번호	실전모의고사 2회

TOPEL Jr. 답안지

감독위원 확인
㊞

이름	

[유의사항]

1. 답란을 포함한 모든 표기사항은 반드시 컴퓨터용 연필을 사용해야 합니다.
2. 표기가 잘못되었을 경우는 지우개로 깨끗이 지운 후 다시 칠하십시오.
3. 모든 표기요령은 아래와 같이 원안을 까맣게 칠해야 합니다.
4. 응시자의 답안지 기재 오류로 인한 불이익은 책임지지 않습니다.

지역코드		검정장코드		응시번호				
4	3	0	2	1	0	0	0	1

본인확인
본인의 이름을 자필로 쓰시오.

◆ 해당 문제 답란의 ① ② ③ ④중에서 정답의 번호를 골라 아래 예시와 같이 까맣게【●】칠하시오.

＊ 예시 : ① ② ③ ④중에서 ②가 정답일 경우 : ① ● ③ ④

문제번호	답란	문제번호	답란	문제번호	답란
1	①②③④	21	①②③④	41	①②③④
2	①②③④	22	①②③④	42	①②③④
3	①②③④	23	①②③④	43	①②③④
4	①②③④	24	①②③④	44	①②③④
5	①②③④	25	①②③④	45	①②③④
6	①②③④	26	①②③④	46	①②③④
7	①②③④	27	①②③④	47	①②③④
8	①②③④	28	①②③④	48	①②③④
9	①②③④	29	①②③④	49	①②③④
10	①②③④	30	①②③④	50	①②③④
11	①②③④	31	①②③④	51	①②③④
12	①②③④	32	①②③④	52	①②③④
13	①②③④	33	①②③④	53	①②③④
14	①②③④	34	①②③④	54	①②③④
15	①②③④	35	①②③④	55	①②③④
16	①②③④	36	①②③④		
17	①②③④	37	①②③④		
18	①②③④	38	①②③④		
19	①②③④	39	①②③④		
20	①②③④	40	①②③④		

쓰기 문제 (1번 ~ 5번)					
1	0	1	2	3	4
2	0	1	2	3	4
3	0	1	2	3	4
4	0	1	2	3	4
5	0	1	2	3	4

답안지 작성 요령
▶ 과제 번호, 이름, 지역코드, 검정장코드, 응시번호는 자동마킹되어 있습니다.
▶ 본인의 인적사항과 일치하는지 확인 후 본인확인란에 자필로 이름을 쓰세요.

NELSA
National Evaluation of Language skill
Association

| 과제 번호 | 실전모의고사 3회 |

TOPEL Jr. 답안지

감독위원 확인

㊞

| 이름 | |

[유의사항]
1. 답란을 포함한 모든 표기사항은 반드시 컴퓨터용 연필을 사용해야 합니다.
2. 표기가 잘못되었을 경우는 지우개로 깨끗이 지운 후 다시 칠하십시오.
3. 모든 표기요령은 아래와 같이 원 안을 까맣게 칠해야 합니다.
4. 응시자의 답안지 기재 오류로 인한 불이익은 책임지지 않습니다.

지역코드		검정장코드		응 시 번 호				
4	3	0	2	1	0	0	0	1
⓪	⓪	●	⓪		●	●	●	⓪
①	①	①	①	●	①	①	①	●
②	②	②	●	②	②	②	②	②
③	●	③	③	③	③	③	③	③
●	④	④	④		④	④	④	④
⑤	⑤	⑤	⑤		⑤	⑤	⑤	⑤
⑥	⑥	⑥	⑥		⑥	⑥	⑥	⑥
⑦	⑦	⑦	⑦		⑦	⑦	⑦	⑦
⑧	⑧	⑧	⑧		⑧	⑧	⑧	⑧
⑨	⑨	⑨	⑨		⑨	⑨	⑨	⑨

본인확인
본인의 이름을 자필로 쓰시오.

◆ 해당 문제 답란의 ① ② ③ ④중에서 정답의 번호를 골라 아래 예시와 같이 까맣게【●】칠하시오.
* 예시 : ① ② ③ ④중에서 ②가 정답일 경우 : ① ● ③ ④

문제번호	답란	문제번호	답란	문제번호	답란
1	①②③④	21	①②③④	41	①②③④
2	①②③④	22	①②③④	42	①②③④
3	①②③④	23	①②③④	43	①②③④
4	①②③④	24	①②③④	44	①②③④
5	①②③④	25	①②③④	45	①②③④
6	①②③④	26	①②③④	46	①②③④
7	①②③④	27	①②③④	47	①②③④
8	①②③④	28	①②③④	48	①②③④
9	①②③④	29	①②③④	49	①②③④
10	①②③④	30	①②③④	50	①②③④
11	①②③④	31	①②③④	51	①②③④
12	①②③④	32	①②③④	52	①②③④
13	①②③④	33	①②③④	53	①②③④
14	①②③④	34	①②③④	54	①②③④
15	①②③④	35	①②③④	55	①②③④
16	①②③④	36	①②③④		
17	①②③④	37	①②③④		
18	①②③④	38	①②③④		
19	①②③④	39	①②③④		
20	①②③④	40	①②③④		

쓰기문제 (1번 ~ 5번)

	0	1	2	3	4
1					
2	0	1	2	3	4
3	0	1	2	3	4
4	0	1	2	3	4
5	0	1	2	3	4

답안지 작성 요령

▶ 과제 번호, 이름, 지역코드, 검정장코드, 응시번호는 자동마킹되어 있습니다.

▶ 본인의 인적사항과 일치하는지 확인 후 본인확인란에 자필로 이름을 쓰세요.

LEVEL Test NELSA National Evaluation of Language skill Association

과제번호	실전모의고사 4회

TOPEL Jr. 답안지

감독위원 확인
인

이름	

[유의사항]

1. 답란을 포함한 모든 표기사항은 반드시 컴퓨터용 연필을 사용해야 합니다.
2. 표기가 잘못되었을 경우는 지우개로 깨끗이 지운 후 다시 칠하십시오.
3. 모든 표기요령은 아래와 같이 원안을 까맣게 칠해야 합니다.
4. 응시자의 답안지 기재 오류로 인한 불이익은 책임지지 않습니다.

지역코드		검정장코드		응시번호				
4	3	0	2	1	0	0	0	1
⓪	⓪	●	⓪		●	●	●	⓪
①	①	①	①	●	①	①	①	●
②	②	②	●	②	②	②	②	②
③	●	③	③	③	③	③	③	③
●	④	④	④		④	④	④	④
⑤	⑤	⑤	⑤		⑤	⑤	⑤	⑤
⑥	⑥	⑥	⑥		⑥	⑥	⑥	⑥
⑦	⑦	⑦	⑦		⑦	⑦	⑦	⑦
⑧	⑧	⑧	⑧		⑧	⑧	⑧	⑧
⑨	⑨	⑨	⑨		⑨	⑨	⑨	⑨

본인확인
본인의 이름을 자필로 쓰시오.

◆ 해당 문제 답란의 ① ② ③ ④중에서 정답의 번호를 골라 아래 예시와 같이 까맣게【●】칠하시오.

* 예시 : ① ② ③ ④중에서 ②가 정답일 경우 : ① ● ③ ④

문제번호	답 란	문제번호	답 란	문제번호	답 란
1	①②③④	21	①②③④	41	①②③④
2	①②③④	22	①②③④	42	①②③④
3	①②③④	23	①②③④	43	①②③④
4	①②③④	24	①②③④	44	①②③④
5	①②③④	25	①②③④	45	①②③④
6	①②③④	26	①②③④	46	①②③④
7	①②③④	27	①②③④	47	①②③④
8	①②③④	28	①②③④	48	①②③④
9	①②③④	29	①②③④	49	①②③④
10	①②③④	30	①②③④	50	①②③④
11	①②③④	31	①②③④	51	①②③④
12	①②③④	32	①②③④	52	①②③④
13	①②③④	33	①②③④	53	①②③④
14	①②③④	34	①②③④	54	①②③④
15	①②③④	35	①②③④	55	①②③④
16	①②③④	36	①②③④		
17	①②③④	37	①②③④		
18	①②③④	38	①②③④		
19	①②③④	39	①②③④		
20	①②③④	40	①②③④		

쓰기문제 (1번 ~ 5번)					
1	0	1	2	3	4
2	0	1	2	3	4
3	0	1	2	3	4
4	0	1	2	3	4
5	0	1	2	3	4

2

Level Up TOPEL Jr.

정답 및 해설

Answers & Explanations

URIS

TOPEL Jr.

LEVEL 2

Level Up

정답 및 해설

유형 분석 & 연습문제

실전모의고사 1회

실전모의고사 2회

실전모의고사 3회

실전모의고사 4회

유형 분석 & 연습문제 0

Section 1 Listening Part

Listening Type 01

Sample
본문 14쪽

Script 정답 ①

Making a card

카드 만들기

• make 만들다

Practice
본문 15쪽

1 Script

A telephone

전화

정답 ③

2 Script

December 25th

12월 25일

• December 12월

정답 ④

3 Script

Having lunch at a restaurant

식당에서 점심 먹기

• have 먹다, 마시다
• lunch 점심
• restaurant 식당

정답 ③

Listening Type 02

Sample
본문 16쪽

Script 정답 ③

I am wearing short pants.

나는 짧은 바지를 입고 있다.

• wear ~을 입다
• short pants 짧은 바지, 반바지

Practice
본문 17쪽

1 Script

It rained hard yesterday.

어제는 비가 심하게 내렸다.

• rain 비가 오다
• hard 심하게, 세차게
• yesterday 어제

정답 ③

2 Script

There are many birds in the sky.

하늘에는 새가 많이 있다.

• There is[are] + 단수명사[복수명사]. ~이 있다.
• many 많은 (셀 수 있는 명사 앞에 쓰임)

정답 ①

3 Script

Teresa is giving some milk to the baby.

Teresa는 아기에게 우유를 주고 있다.

• some 얼마의 (수나 양을 표현함)
• milk 우유
• give + 목적어 + to + 대상 ~에게 …을 주다

정답 ①

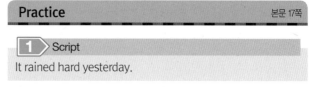

Listening Type 03

Sample
본문 18쪽

Script　정답 ③

B: Let's go outside and play with my dog.
G: But I am doing my homework now.
B: When can you finish doing your homework?
G: I need one more hour.

소년: 밖에 나가서 내 개와 놀자.
소녀: 그런데, 나는 지금 숙제를 하고 있어.
소년: 숙제는 언제 끝낼 수 있니?
소녀: 한 시간 이상 필요해.

- Let's ~.　~하자.
- go outside　밖으로 나가다 (↔ go inside)
- do one's homework　숙제를 하다
- finish -ing　~하는 것을 끝내다
- need　필요하다
- more　~ 이상

Practice
본문 19쪽

1 Script

G: My friend and I will go to the Seoul Tower tomorrow.
B: Sounds nice! Do you know how to get there?
G: I will take the bus number 3.
B: Oh, I didn't know that bus goes there.

소녀: 내 친구와 나는 내일 서울 타워에 갈 거야.
소년: 멋지다! 거기에 어떻게 가는지 아니?
소녀: 3번 버스를 탈 거야.
소년: 아, 나는 그 버스가 거기에 가는지 몰랐어.

- will　~할 것이다 (미래를 나타내는 조동사)
- sound　~인 것 같다
- Sounds nice!　멋지다! (주어 It이나 that이 종종 생략됨.)
- how to get ~　~에 도착하는 방법
- take　(탈 것을) 타다
- that bus　그 버스

정답 ①

2 Script

G: Wow, there are so many horses on this farm.
M: You can ride one of them. Do you want to try?
G: Sure, I do! Can I ride the white one over there?
M: Of course. Wait here.

소녀: 와, 이 농장에는 정말 많은 말들이 있네요.
남자: 넌 그것들 중 하나를 탈 수 있어. 타보고 싶니?
소녀: 물론이에요, 그러고 싶어요! 저쪽에 있는 흰색 말을 타도 될까요?
남자: 물론이지. 여기서 기다려라.

- There is[are] + 단수명사[복수명사].　~이 있다.
- farm　농장
- one of them　그것들 중 하나 (them은 말들을 가리키고, one은 그 말들 중 하나를 가리킴.)
- try　시도하다
- Can I ~?　~해도 될까요? (허락을 구하는 표현)
- ride　~을 타다
- over there　저쪽에 (↔ over here)
- wait　기다리다

정답 ④

3 Script

G: I am going to the supermarket. Is there anything you need?
B: Can you buy some bread and milk for me?
G: OK. Anything else?
B: Oh, I also need a jar of apple jam.

소녀: 나는 슈퍼마켓에 가려고 해. 네가 필요한 거 있니?
소년: 나를 위해 빵과 우유를 좀 사다 줄래?
소녀: 알았어. 그밖에 다른 것은?
소년: 아, 난 또 사과잼 한 병이 필요해.

- I'm going to ~.　~에 ~가려고 해.
  (현재진행형으로 가까운 미래를 나타냄.)
- Is there ~?　~이 있니? (There is ~.의 의문문)
- anything　(의문문이나 부정문에서) 어떤 것
- Can you ~?　~해 줄래? (상대방에게 부탁하는 표현)
- else　그밖에 다른
- also　또한
- a jar of　한 병의

정답 ①

Listening Type 04

Sample
본문 20쪽

Script　정답 ①

B: What do you want to be in the future?
G: I want to be an actress. What about you?
B: I will become a scientist.
G: For me, science is really difficult.
Q. *What is the boy's dream?*

소년: 넌 장래에 뭐가 되고 싶니?
소녀: 난 여배우가 되고 싶어. 넌 어때?
소년: 난 과학자가 될 거야.
소녀: 나에게 과학은 정말 어려워.
Q. 소년의 꿈은 무엇인가?

• want to ~하고 싶다
• in the future 장래에
• actress 여배우 (↔ actor 남자배우)
• What about + 명사? ~는 어때? (= How about + 명사?)
• difficult 어려운

Practice

본문 21쪽

1 Script

G: Would you like to have some bread?
B: No, thanks. I had some juice. And actually I don't eat bread at all.
G: Then what do you like to have?
B: I like to have fruits and vegetables.
Q. *What does the boy NOT eat at all?*

소녀: 빵 좀 먹을래?
소년: 고맙지만 사양하겠어. 주스를 좀 마셨거든. 그리고 사실 난 빵을 전혀 먹지 않아.
소녀: 그렇다면 어떤거 먹는 것을 좋아하니?
소년: 나는 과일과 채소 먹는 것을 좋아해.
Q. 소년이 전혀 먹지 않는 것은 어느 것인가요?

• Would you like to ~? ~할래? (상대방에게 무엇을 권할 때 쓰는 표현)
• have 먹다, 마시다
• No, thanks. 고맙지만 사양할게. (상대방의 권유를 거절할 때 쓰는 표현)
• actually 사실은
• not ~ at all 전혀 ~이 아니다
• like to ~ ~하는 것을 좋아하다

정답 ②

2 Script

G: You look so cute in the white shirt.
B: It's my favorite. I love the monkey picture on the shirt.
G: I want to buy one, too. Where did you get it?
B: At Kelly's store.
Q. *What is the boy wearing?*

소녀: 너 흰색 셔츠를 입으니 아주 귀여워 보이네.
소년: 이것은 내가 가장 좋아하는 거야. 나는 셔츠에 있는 원숭이 그림을 좋아해.
소녀: 나도 하나 사고 싶다. 그것을 어디서 샀니?
소년: Kelly네 가게에서.
Q. 소년이 입고 있는 것은 무엇인가요?

• look ~처럼 보이다
• so 아주, 그렇게 (형용사를 수식하는 부사)
• cute 귀여운
• favorite 가장 좋아하는
• on ~ 위에
• one 하나 (앞서 나온 셀 수 있는 명사는 하나만 칭할 때 one을 쓴다. 복수의 것을 말할 때는 ones로 씀.)
• get ~을 얻다

정답 ③

3 Script

G: Is there a flower shop near here?
B: Yes. Go straight and turn left at the second corner.
G: Are there any big buildings next to the shop?
B: There's a bank next to it.
Q. *Where is the flower shop?*

소녀: 여기 근처에 꽃 가게가 있니?
소년: 응. 곧장 가서 두 번째 모퉁이에서 왼쪽으로 돌아.
소녀: 그 가게 옆에 어떤 큰 건물들이 있니?
소년: 그것 옆에 은행이 있어.
Q. 꽃 가게는 어디에 있나요?

• Is there ~? ~이 있니? (There is ~.의 의문문)
• near ~의 근처에
• straight 똑바로, 곧장
• turn 돌다
• left 왼쪽 (↔ right 오른쪽)
• corner 모퉁이, 코너
• any (부정문, 의문문에서) 어떤, 무엇
• big 커다란
• building 빌딩, 건물
• next to ~의 옆에
• bank 은행

정답 ②

Listening Type 05

Sample

본문 22쪽

Script 정답 ③

(M) I am a part of your body. You may be able to see or eat without me. But without me, you can't hear anything. You can't listen to your favorite music or to your friends. Can you guess who I am?

나는 당신의 신체의 일부입니다. 당신은 내가 없어도 보거나 먹을 수 있을 것입니다. 그러나 내가 없다면 당신은 아무것도 들을 수 없습니다. 당신이 좋아하는 음악이나 당신의 친구들의 말을 들을 수 없습니다. 내가 누구인지 알아맞힐 수 있나요?

• part 일부분
• body 신체, 몸
• may ~일지도 모른다 (추측을 나타내는 조동사)
• be able to ~할 수 있다 (= can)

- without ~ 없이 (↔ with)
- anything 아무것, 어떤 것 (부정문에서)
- listen to ~을 듣다
- favorite 가장 좋아하는
- guess 추측하다, 알아맞히다

Practice
본문 23쪽

1 Script

(M) This is a place in a house. There are usually trees, flowers, and grass. Some people spend a lot of time making this place beautiful. What is this place?

이것은 집 안에 있는 장소입니다. 보통 나무와 꽃들, 잔디가 있습니다. 어떤 사람들은 이곳을 아름답게 만드는 데 많은 시간을 보냅니다. 이 장소는 무엇일까요?

- place 장소
- There is[are] + 단수명사[복수명사]. ~이 있다.
- usually 보통, 대개
- grass 잔디
- spend + 목적어(시간) + -ing ~하는 데 (시간을) 보내다
- a lot of 많은
- beautiful 아름다운

정답 ④

2 Script

(M) People sleep and take a rest on this. People put this in their room. There is usually a blanket and a pillow on this. Can you guess what this is?

사람들은 이것 위에서 잠을 자고 휴식을 취합니다. 사람들은 그들의 방에 이것을 둡니다. 이것 위에는 보통 담요와 베개가 있습니다. 당신은 이것이 무엇인지 알아맞힐 수 있습니까?

- sleep 잠자다
- take a rest 휴식을 취하다
- on ~ 위에
- put ~을 놓아두다
- blanket 담요
- pillow 베개

정답 ③

3 Script

(M) This is something that you use for painting. This has a lot of hairs. You put some colored ink or paint on the hairs, and then paint pictures on paper with this. Can you guess what this is?

이것은 그림을 그릴 때 당신이 사용하는 것입니다. 이것은 많은 털을 가지고 있습니다. 당신은 색깔이 있는 잉크나 물감을 털에 묻혀서, 이것으로 종이 위에 그림을 그립니다. 당신은 이것이 무엇인지 알아맞힐 수 있습니까?

- something 어떤 것 (긍정문에서)
- use 사용하다
- paint 그림을 그리다; 그림
- hair 머리카락, 털
- colored 색깔이 있는
- ink 잉크
- picture 그림
- paper 종이

정답 ③

Listening Type 06

Sample
본문 24쪽

Script 정답 ④

W: May I help you?
M: Please give me two tickets for the movie "Flight No. 93."
W: They are 16 dollars.
M: OK. Here you are.

여자: 도와 드릴까요?
남자: 영화 '항공기 93편' 표 두 장 주세요.
여자: 16달러입니다.
남자: 네. 여기 있어요.

① 공항에서
② DVD 가게에서
③ 기차역에서
④ 영화관에서

- May I help you? 도와 드릴까요? (도움을 제안하는 표현)
- ticket 표, 티켓
- flight 비행; 항공기, 항공편
- Here you are. 여기 있어요.

Practice
본문 25쪽

1 Script

G: When does the movie start?
B: It will start at 7:30.
G: So, when are you planning to meet Keith?
B: We will meet at 5:30.

소녀: 영화는 언제 시작되니?
소년: 7시 30분에 시작될 거야.
소녀: 그럼, Keith와 언제 만날 계획이니?
소년: 5시 30분에 만날 거야.

① 4시 30분에 ② 5시 30분에
③ 6시 30분에 ④ 7시 30분에

• start 시작하다
• be planning to ~ ~할 예정[계획]이다
• meet 만나다
• at + 시간 ~시에

정답 ②

2 Script

W: Andre! Where are you?
B: I'm cleaning my shirt. Why, Mom?
W: I need your help to make lunch. Can you come into the kitchen?
B: Sure, wait a moment.

여자: Andre! 너 어디 있니?
소년: 저는 제 셔츠를 세탁하고 있어요. 왜요, 엄마?
여자: 점심 차리는 데 네 도움이 필요하구나. 부엌으로 와 주겠니?
소년: 물론이죠, 잠시만 기다리세요.

① 셔츠를 세탁하기
② 부엌을 청소하기
③ 점심 차리는 것을 도와주기
④ 함께 쇼핑하러 가기

• clean 청소하다, 세탁하다
• need ~을 필요로 하다
• make lunch 점심을 차리다[만들다]
• come into ~로 오다
• kitchen 부엌
• wait 기다리다
• moment 잠시, 잠깐
• go shopping 쇼핑하러 가다

정답 ③

3 Script

M: May I see your passport and ticket, please?
W: Here you are.
M: OK. Your plane is leaving soon. Have a good flight!
W: Thank you.

남자: 당신의 여권과 티켓을 보여주시겠어요?
여자: 여기 있어요.
남자: 됐습니다. 비행기가 곧 떠날 것입니다. 좋은 비행되세요!
여자: 감사합니다.

① 공항에 ② DVD 가게에
③ 기차역에 ④ 영화관에

• passport 여권
• leave 떠나다
• flight 비행, 비행기

정답 ①

4 Script

G: When does the vacation start?
B: It starts on December 30th.
G: It's December 20th today. We just have to wait for 10 days.
B: You're right. I hope it comes soon.

소녀: 방학은 언제 시작되니?
소년: 12월 30일에 시작돼.
소녀: 오늘이 12월 20일이야. 우리는 10일만 기다리면 되겠다.
소년: 맞아. 빨리 왔으면 해.

① 12월 1일 ② 12월 10일
③ 12월 20일 ④ 12월 30일

• vacation 방학, 휴가
• on ~에 (날짜 앞에 쓰는 전치사)
• December 12월
• just 오직, 다만, 단지
• have to ~해야 한다 (의무를 나타내는 조동사)
• for ~동안 (기간을 나타내는 전치사)
• hope 희망하다, 바라다
• soon 곧, 바로

정답 ③

Listening Type 07

Sample

본문 26쪽

Script 정답 ①

B: My friend, John, will visit Korea next week.
G: Great! How long is he going to stay?
B: For 2 weeks. Do you want to meet him?
G: Yes, I do.

소년: 내 친구 John이 다음 주에 한국을 방문할 거야.
소녀: 멋지다! 그는 얼마동안 머무를 예정이니?
소년: 2주일 동안. 그를 만나보고 싶니?
소녀: 응, 그러고 싶어.

① 응, 그러고 싶어.
② 아니, 그는 그렇지 않아.
③ 물론이지, 그는 너를 만날 거야.
④ 음, 나는 한국에 갈 거야.

• visit 방문하다
• great 훌륭한, 멋진
• how long 얼마나 오래 (기간을 나타냄)
• be going to ~할 예정이다
• stay 머물다
• week 주간, 주일
• want to ~하고 싶다

Practice

본문 27쪽

1 Script

B: What are you looking at?
G: I'm looking at my baby brother's photo.
B: He's so cute. How old is he?
G: He is 3 years old.

소년: 너는 무엇을 보고 있니?
소녀: 내 남동생 사진을 보고 있어.
소년: 정말 귀엽다. 그는 몇 살이야?
소녀: 그는 세 살이야.

① 그는 귀여워 보여.
② 그는 세 살이야.
③ 그는 나를 많이 좋아해.
④ 그는 나의 사진을 가지고 있어.

- look at ~을 보다
- my baby brother 남동생
- photo 사진 (= photograph)
- so 정말, 아주
- cute 귀여운
- old 나이가 ~인
- a lot 많이

정답 ②

2 Script

G: I visited Namdaemun Market yesterday.
B: I have been there, too.
G: Really? When did you go there?
B: Last Sunday.

소녀: 나는 어제 남대문 시장에 갔었어.
소년: 나도 거기에 가 봤어.
소녀: 정말? 언제 거기 갔었니?
소년: 지난 일요일에.

① 지금 당장. ② 두 시간 동안.
③ 지난 일요일. ④ 내일 아침.

- last 지난

정답 ③

3 Script

B: What do you usually do at Christmas?
G: I eat delicious food and get gifts from my parents.
B: What gift did you get last Christmas?
G: A cute teddy bear.

소년: 너는 보통 크리스마스에 무엇을 하니?
소녀: 나는 맛있는 음식을 먹고 부모님으로부터 선물을 받아.
소년: 지난 크리스마스에 너는 어떤 선물을 받았니?
소녀: 귀여운 테디 곰인형.

① 귀여운 테디 곰인형. ② 12월 25일에.
③ 엄마를 위한 선물. ④ 이탈리아 식당에서.

- usually 보통, 대개
- eat 먹다
- delicious 맛있는
- get 얻다
- gift 선물 (=present)
- parents 부모님
- last 지난

정답 ①

4 Script

(Rings)
B: Hello, Jini? Let's go swimming.
G: Sorry, I can't. I caught a cold.
B: That's too bad. Hope you get better soon.
G: Thank you for saying so.

(전화벨이 울린다)
소년: 여보세요, Jini? 수영하러 가자.
소녀: 미안한데, 그럴 수 없어. 감기에 걸렸어.
소년: 저런 안됐다. 빨리 낫기를 바랄게.
소녀: 그렇게 말해줘서 고마워.

① 그 말을 들으니 유감이야.
② 너는 점점 나아지고 있어.
③ 그렇게 말해줘서 고마워.
④ 너보다 내가 수영을 더 잘해.

- Let's ~. ~하자.
- go swimming 수영하러 가다
- Sorry, I can't. 미안하지만 할 수 없어. (제안을 거절할 때 쓰는 표현)
- catch a cold 감기에 걸리다 (catch-caught-caught)
- That's too bad. 너무 안됐다. (상대방을 위로하는 표현)
- get better 점점 나아지다, 좋아지다

정답 ③

Listening Type 00

Sample

본문 28쪽

Script 정답 ②

① The party starts at 4 PM.
② The party is held on Sunday.
③ The party is for Amanda's birthday.
④ The party is held at Amanda's house.

① 파티는 오후 4시에 시작한다.
② 파티는 일요일에 열린다.
③ 파티는 Amanda의 생일을 위한 것이다.
④ 파티는 Amanda의 집에서 열린다.

• start 시작하다
• be held (파티, 대회 등이) 열리다

Practice 본문 29쪽

1 Script
① The girl is wearing pajamas.
② The girl is washing her face.
③ The girl is in the living room.
④ The girl is brushing her teeth.

① 소녀는 파자마를 입고 있다.
② 소녀는 얼굴을 씻고 있다.
③ 소녀는 거실에 있다.
④ 소녀는 이를 닦고 있다.

• wear ~을 입다
• pajamas 파자마 (항상 복수로 씀.)
• wash ~을 씻다
• face 얼굴
• living room 거실
• brush ~을 닦다
• teeth 이, 치아 (tooth의 복수형)

정답 ④

2 Script
① There are 6 students in the classroom.
② Ray sits next to Becky.
③ Diana sits near the windows.
④ Anna sits right in front of Kate.

① 교실에는 6명의 학생이 있다.
② Ray는 Becky 옆에 앉아 있다.
③ Diana는 창문 근처에 앉아 있다.
④ Anna는 Kate 바로 앞에 앉아 있다.

• There is[are] + 단수명사[복수명사]. ~이 있다.
• classroom 교실
• sit 앉다
• next to ~ 옆에
• near 근처에
• right 바로, 즉시
• in front of ~ 앞에

정답 ④

3 Script
① Five students like Valentine's Day.
② Students like Children's Day most.
③ Students like Thanksgiving more than Christmas.
④ Students like Christmas more than Valentine's Day.

① 5명의 학생이 밸런타인 데이를 좋아한다.
② 학생들은 어린이날을 가장 좋아한다.
③ 학생들은 크리스마스보다 추수감사절을 더 좋아한다.
④ 학생들은 밸런타인 데이보다 크리스마스를 더 좋아한다.

• like 좋아하다
• most 가장 ~한
• Children's Day 어린이날
• Thanksgiving (Day) 추수감사절
• more than ~보다 많이, ~ 이상의

정답 ③

Listening Type 09

Sample 본문 30쪽

Script 정답 ④
① The boy is holding a cat.
② The boy's cat has a ribbon on its head.
③ The girl is looking into the mirror.
④ The girl is wearing earrings.

① 소년은 고양이 한 마리를 안고 있다.
② 소년의 고양이는 머리에 리본을 두르고 있다.
③ 소녀는 거울을 보고 있다.
④ 소녀는 귀걸이를 하고 있다.

• hold 들다
• ribbon 리본
• look into 들여다보다
• mirror 거울
• wear ~을 착용하다, 입다, 신다
• earring 귀걸이

Practice 본문 31쪽

1 Script
① The girl is sitting on a bench.
② The girl is drinking juice.
③ The boy is standing on the grass.
④ The boy is reading a book.

① 소녀는 벤치에 앉아 있다.
② 소녀는 주스를 마시고 있다.
③ 소년은 잔디 위에 서 있다.
④ 소년은 책을 읽고 있다.

• drink 마시다

• stand 서다
• grass 잔디

정답 ③

2 Script

① The girl is holding a doll.
② The girl is standing on the street.
③ The boy is touching a dog.
④ The boy is sitting on a sofa.

① 소녀는 인형을 들고 있다.
② 소녀는 거리에 서 있다.
③ 소년은 개를 만지고 있다.
④ 소년은 소파에 앉아 있다.

• doll 인형
• touch 만지다

정답 ④

3 Script

① A boy is diving into the water.
② A boy is wearing a swimsuit.
③ A girl is flying a kite.
④ A girl's kite is square-shaped.

① 소년은 물로 다이빙하고 있다.
② 소년은 수영복을 입고 있다.
③ 소녀는 연을 날리고 있다.
④ 소녀의 연은 사각형 모양이다.

• dive 다이빙하다
• swimsuit 수영복
• fly 날리다, 날다
• kite 연
• square-shaped 사각형 모양의

정답 ③

Listening Type 10

Sample

본문 32쪽

Script 정답 ①

① M: Where do you live?
W: In ten minutes.
② M: What country do you want to visit?
W: Japan.
③ M: Can I borrow some money?
W: Sure. How much do you need?
④ M: Is it your new bag?
W: Yes, I bought it yesterday.

① 남자: 넌 어디에 사니?
여자: 10분 후에.
② 남자: 넌 어느 나라를 방문하고 싶니?
여자: 일본.
③ 남자: 돈 좀 빌릴 수 있을까?
여자: 물론이지. 얼마가 필요하니?
④ 남자: 그것이 너의 새 가방이니?
여자: 응, 그것을 어제 샀어.

• live 살다
• minute 분
• country 나라
• borrow 빌리다 (↔ lend 빌려주다)
• how much 얼마나 많이
• new 새로운
• buy 사다 (buy-bought-bought)

Practice

본문 33쪽

1 Script

① M: I passed the exam.
W: That's good news.
② M: What grade are you in?
W: I'm in the 4th grade.
③ M: Listen to this song.
W: Wow, it's beautiful.
④ M: May I help you?
W: Welcome to Seoul.

① 남자: 내가 시험에 통과했어.
여자: 그거 좋은 소식이네.
② 남자: 너는 몇 학년이니?
여자: 나는 4학년이야.
③ 남자: 이 노래를 들어봐.
여자: 와, 아름답다.
④ 남자: 도와드릴까요?
여자: 서울에 오신 걸 환영합니다.

• pass 통과하다, 지나가다
• exam 시험 (= examination)
• news 소식, 뉴스
• grade 학년, 등급
• listen to ~을 듣다
• song 노래
• welcome 환영하다

정답 ④

2 Script

① M: Shall we dance?
W: It sounds good.
② M: Is it your eraser?
W: Yes, you are.
③ M: Who are you looking at?
W: I'm looking at the girl over there.
④ M: How are you today?
W: I'm great. Thanks. And you?

① 남자: 춤 추실래요?
여자: 그거 좋은 생각이에요.
② 남자: 그것은 당신의 지우개인가요?
여자: 네, 당신이 그래요.
③ 남자: 누구를 보고 있나요?
여자: 저쪽에 있는 소녀를 보고 있어요.
④ 남자: 오늘은 어떠세요?
여자: 저는 좋아요. 고마워요. 당신은요?

- Shall we ~? 우리 ~할래요? (제안을 나타내는 표현)
- dance 춤추다
- sound ~처럼 들리다, ~인 것 같다
- eraser 지우개
- look at ~을 보다
- over there 저쪽에

정답 ②

3 Script

① M: Where were you yesterday?
W: I was in the library.
② M: Can I ask you a question?
W: Sure. What is it?
③ M: Did you go to China last summer?
W: You're Chinese.
④ M: May I borrow your scissors?
W: Yes. You may.

① 남자: 너 어제 어디 있었니?
여자: 도서관에 있었어.
② 남자: 질문 하나 해도 될까요?
여자: 물론이죠. 무엇인가요?
③ 남자: 당신은 지난 여름에 중국에 갔었나요?
여자: 당신은 중국인이군요.
④ 남자: 네 가위를 빌릴 수 있을까?
여자: 응, 그래.

- library 도서관
- question 질문
- Chinese 중국의, 중국인의
- borrow 빌리다
- scissors 가위 (항상 복수로 씀)

정답 ③

4 Script

① M: What are you looking for?
W: I'm looking for a bag.
② M: How much are these apples?
W: There are four apples.
③ M: Who will go to the concert?
W: Michael and Josh.
④ M: Whose computer is it?
W: It's mine.

① 남자: 무엇을 찾고 있나요?
여자: 나는 가방을 찾고 있어요.
② 남자: 이 사과들은 얼마인가요?
여자: 네 개의 사과가 있습니다.
③ 남자: 누가 그 공연에 갈 건가요?
여자: Michael과 Josh입니다.
④ 남자: 그것은 누구의 컴퓨터인가요?
여자: 그것은 제 것입니다.

- look for ~을 찾다
- these 이것들 (this의 복수형)
- concert 음악회, 연주회, 콘서트
- whose 누구의 (who의 소유격)
- mine 나의 것

정답 ②

Section 2 Reading Part

Reading Type 01

Sample 본문 34쪽 / 정답 ③

lw**scissors**oli**pencil**tdinksntbuckua**eraser**en
가위 연필 지우개

- notebook 공책

Practice

본문 35쪽

1

asik**rabbit**ersoci**elephant**oggihollsenge**fox**era
토끼 코끼리 여우

- horse 말

정답 ③

2

eapp**spoon**eickopohiciteepun**dish**hn**table**el 숟가락 접시 탁자

• chopstick 젓가락

정답 ②

3

unlo**monday**gisteeusdayiek**wednesday**yea**thursday**ach 월요일 수요일 목요일

• Tuesday 화요일

정답 ②

4

asbi**long**ewqspsholtbhidkl**heavy**ye**light**asil 긴 무거운 가벼운

• short 짧은

정답 ②

Reading Type 02

Sample 본문 36쪽 / 정답 ②

① 나중에 봐요.
② 우리 아빠는 일을 하고 계시지 않다[하지 않으신다].
③ 뜨거운 우유 한 잔 얻을 수 있을까요?
④ 나는 매일 저녁 책을 읽는다.

현재진행형은 '~하고 있다'라는 의미로 「be동사 + -ing」로 표현합니다. 과거진행형은 be동사를 과거형으로 쓰면 됩니다. 따라서 ②번 문장은 현재진행형으로 표현하면 isn't working이 되어야 합니다. 일반 동사의 부정문이 되려면 working이 아니라 work가 되어야 정확한 문장이 됩니다.

• later 나중에, 후에
• a cup of 한 컵의
• hot 뜨거운

Practice

본문 37쪽

1

① 나는 어젯밤에 슬펐다.
② 이것은 나의 사진 앨범이다.
③ 날씨가 매우 춥다.
④ Sean은 피아노 연주하는 것을 좋아한다.

과거를 나타내는 어구가 있으면 동사는 반드시 과거형으로 표현되어야 합니다. last night은 '어젯밤'이라는 의미로 과거를 나타냅니다. 따라서 동사는 am이 아니라 was가 되어야 합니다. 그러므로 정답은 ①번입니다.

• last 지난
• weather 날씨
• cold 추운, 찬
• play the (악기) ~을 연주하다

정답 ①

2

① 너는 지금 가야만 한다.
② 나는 학교에서 열심히 공부한다.
③ 그녀는 피아노를 연주하고 있다.
④ 하늘에 새가 한 마리 있다.

There is ~. 또는 There are ~. 문장은 '~(들)이 있다.'라는 의미로 뒤에 단수명사가 오면 is를 쓰고, 복수명사가 오면 are를 써야 합니다. a bird는 '새 한 마리'라는 의미로 단수명사가 이어지고 있으므로 There is가 되어야 합니다. 그러므로 정답은 ④번입니다.

• should ~해야 한다
• hard 열심히

정답 ④

3

① 그것은 그녀의 컴퓨터이다.
② Simon은 잠자리에 들었다.
③ 나는 더 많은 과자를 살 수 있다.
④ 나의 부모님은 아주 행복하시다.

주어가 복수이면 동사도 복수동사가 되어야 합니다. My patents가 복수이므로 동사는 was가 아닌 were가 되어야 합니다. 그러므로 ④번이 정답입니다.

• go to bed 잠자리에 들다
• more 좀 더

정답 ④

4

① 나는 키가 160cm이다.
② 나의 아버지는 비행기 조종사이다.
③ 너는 지금 게임을 해도 된다.
④ 나는 보통 8시간 동안 잔다.

may, should, will 등은 동사의 의미를 보충해주는 조동사입니다. 조동사 다음에는 동사 원형을 써야 합니다. 따라서 may to play가 아니라 may play가 되어야 하므로 ③번이 정답입니다.

• tall　키가 큰
• pilot　비행기 조종사
• play　(경기 이름) ~을 하다
• usually　대개, 보통
• for　~ 동안 (기간을 나타내는 전치사)

정답 ③

Reading Type 03

Sample　본문 38쪽 / 정답 ④

나는 그림 (그리는) 것을 좋아한다.

① 타다　② 방문하다　③ 듣다　④ 그리다

• draw a picture　그림을 그리다

Practice　본문 39쪽

1

(비가 내렸)지만 나는 우산을 가지고 있지 않았다. 그래서 나는 젖었다.

① 비가 오는　② 화창한
③ 바람이 부는　④ 안개가 낀

• umbrella　우산
• get wet　젖다

정답 ①

2

나는 주말에 나의 조부모님을 만난다.

① ~로　② ~까지　③ ~에　④ ~로부터

• grandparents　조부모님
• on weekends　주말에, 주말마다

정답 ③

3

나에게 수학을 배우는 것은 (쉽다).

① 친절한　② 쉬운　③ 깨끗한　④ 동일한

• math　수학
• kind　친절한
• same　같은, 동일한

정답 ②

4

나는 이 도시에 어느 누구도 알지 못해서 (외로움)을 느낀다.

① 큰　② 흐린　③ 친절한　④ 외로운

• feel + 형용사　~을 느끼다
• because　~ 때문에

정답 ④

Reading Type 04

Sample　본문 40쪽 / 정답 ①

그녀는 훌륭한 테니스 선수이다.

① 그녀는 테니스를 잘 친다.
② 그녀는 훌륭한 테니스 선수를 알고 있다.
③ 그녀는 테니스가 훌륭한 운동이라고 생각한다.
④ 그녀는 테니스를 잘 치게 될 것이다.

• well　잘
• be good at　~을 잘하다

Practice　본문 41쪽

1

방에는 많은 사람들이 있다.

① 방은 아주 작다.
② 사람들은 방에 있는 것을 좋아한다.
③ 방에는 많은 사람들이 있다.
④ 더 많은 사람들이 방으로 들어 올 것이다.

• lots of　많은
• be　(~에) 있다
• more　더 많은
• come into　~로 들어오다

정답 ③

2

케이크가 정말 맛있다.

① 케이크가 맛있어 보인다.
② 케이크가 맛있는 냄새가 난다.
③ 케이크가 정말 맛있다.
④ 케이크는 설탕으로 만들어진다.

• tasty　맛있는

- look　~처럼 보이다
- smell　~한 냄새가 나다
- taste　맛이 ~하다
- be made of　~로 만들어지다
- sugar　설탕

정답 ③

3

나는 무엇을 해야 할지 모르겠다.

① 내가 왜 여기 있는지 모르겠다.
② 나는 무엇을 해야 할지 모르겠다.
③ 나는 어디로 가야 할지 모르겠다.
④ 나는 이것을 어떻게 사용해야 하는지 모르겠다.

- what to do　무엇을 할지
- should　~해야 한다
- use　사용하다, 이용하다

정답 ②

4

흰긴수염고래가 가장 큰 동물이다.

① 모든 고래는 크다.
② 흰긴수염고래는 동물이다.
③ 흰긴수염고래는 내가 가장 좋아하는 동물이다.
④ 흰긴수염고래는 다른 어떤 동물보다 더 크다.

- blue whale　흰긴수염고래
- biggest　가장 큰 (big -bigger-biggest)

정답 ④

Reading Type 05

Sample　본문 42쪽 / 정답 ③

A: 수진이가 아파서, 수업에 못 왔어.
B: 정말? 우리 수진이 보러 수진이 집에 가자.
A: <u>우리는 거기 어떻게 갈 수 있니?</u>
B: 택시를 타고 가면 되지. 여기서 그렇게 멀지 않아.

① 그녀는 왜 아프니?
② 우리는 거기 어떻게 갈 수 있니?
③ 어디서 우리는 택시를 탈 수 있니?
④ 언제 그녀는 우리를 보러 올 수 있니?

- take a taxi 택시를 타다

Practice

본문 43쪽

1

A: 영어 콘테스트는 어땠니?
B: 아주 좋았어. 내가 상을 탔어.
A: <u>너 정말 잘했구나.</u>
B: 고마워.

① 너 정말 잘했구나.
② 상은 무엇이었니?
③ 나는 영어를 아주 잘해.
④ 너는 열심히 연습을 해야 돼.

- contest　대회, 콘테스트
- win a prize　상을 타다
- prize　상
- should　~해야 한다
- practice　연습하다, 훈련하다
- hard　열심히

정답 ①

2

A: 한 미국인 남자가 우리 이웃으로 이사왔어.
B: 정말? 그는 어떻게 생겼니?
A: <u>그는 아주 잘생겼어.</u>
B: 언젠가 그를 만나고 싶어.

① 그는 나와 함께 살아.
② 그는 40세야.
③ 그는 딸이 하나 있어.
④ 그는 아주 잘생겼어.

- move into　~로 이사하다
- neighborhood　이웃
- look like　~처럼 보이다
- daughter　딸
- handsome　멋진, 잘생긴

정답 ④

3

A: 엄마와 아빠는 어디에 계시니?
B: 할머니 집에 가셨어.
A: <u>언제 집으로 돌아오시니?</u>
B: 아마 내일 저녁에.

① 그분들은 어디 계시니?
② 그분들은 왜 거기 가시니?
③ 그분들은 거기서 무엇을 하고 계시니?

④ 그분들은 언제 집으로 돌아오시니?

정답 ④

Reading Type 06

Sample 본문 44쪽 / 정답 ①

1. 집으로 돌아가자.
3. 왜? 6시 밖에 안됐어.
4. 늦었어. 우리 엄마가 나를 걱정하실 거야.
2. 알았어. 그러면 가자.

- only 단지, 오직
- get late 늦게 되다
- worry about ~에 대해 걱정하다

Practice 본문 45쪽

1

3. 실례합니다. 질문 하나 해도 될까요?
1. 물론이죠. 무엇인가요?
4. 가장 가까운 버스 정류장이 어디인가요?
2. 바로 저쪽에 있습니다.

- over there 저쪽
- nearest 가장 가까운 (near-nearer-nearest)

정답 ②

2

4. Phelps를 알고 있니?
1. 아니. 그가 누군데?
3. 그는 수영선수야. 그는 금메달을 많이 땄어.
2. 그는 훌륭한 선수인 것 같구나.

- sound like ~처럼 들리다, ~인 것 같다
- swimmer 수영선수
- gold medal 금메달

정답 ②

3

2. 너는 형제, 자매가 몇 명이니?
1. 아무도 없어. 나는 외동이야.
3. 형제나 자매가 있기를 바라지 않니?
4. 아주 그렇지는 않아. 대신 나는 친구들이 많아.

- instead ~ 대신에

정답 ①

Reading Type 07

Sample 본문 46쪽 / 정답 1. ③ 2. ①

국제학교 학생증
Jannet Reid
주소: 미국 매사추세츠 주 보스턴 볼튼 거리 1234
생일: 1998년 6월 6일
신장: 135cm
체중: 30kg
머리: 검은색
눈: 갈색
전화번호: 635-2360

Q1. Janet Reid에 대해 기록되지 않은 정보는 무엇인가요?
① 그녀가 얼마나 키가 큰가
② 그녀는 어디에 사는가
③ 그녀는 몇 학년인가
④ 그녀의 몸무게가 얼마나 되는가

Q2. Janet Reid에 관해 사실이 아닌 것은 무엇인가요?
① 그녀는 갈색 머리이다.
② 그녀의 생일은 6월 6일이다.
③ 그녀는 미국의 보스턴에 산다.
④ 그녀의 전화번호는 635-2360이다.

- height 키, 신장
- weight 몸무게, 체중
- grade 학년
- weigh 몸무게가 ~이다

Practice 본문 47쪽

저는 이 포스터들을 팔고 있습니다.
제가 직접 이것들을 만들었습니다.
이 포스터들 중 어떤 것을 구입하는 데 관심이 있으시면 564-0938번으로 저에게 전화를 주시거나 joseph@hotmail.com로 이메일을 보내주세요.

감사합니다.
Joseph

1

Joseph는 왜 이 광고를 만들었나요?
① 포스터들을 팔기 위해
② 포스터들을 사기 위해
③ 포스터들을 보내기 위해
④ 포스터들을 만들기 위해

정답 ①

2

다음 중 사실인 것은 무엇인가요?
① Joseph는 이 포스터들을 혼자 만들었다.
② Joseph는 두 개 미만의 포스터를 만들었다.
③ Joseph는 이메일 주소를 가지고 있지 않다.
④ 사람들은 Joseph에게 전화만 해야 한다.

- sell 팔다
- by oneself 혼자서
- be interested in ~에 관심이 있다

정답 ①

3~4

나는 새로운 배드민턴 라켓을 가지고 있어.
배트민턴을 치러 가자!
이번 주 토요일 오후 6시에 학교 운동장으로 와라.
-Jeremy-

3

Jeremy는 왜 이 메모를 썼나요?
① 초대하기 위해
② 감사하기 위해
③ 미안함을 전하기 위해
④ 질문을 하기 위해

정답 ①

4

배드민턴 경기에 관해 어떤 것이 쓰여있나요?
① 어디서 경기를 할 것인지
② 얼마 동안 경기를 할 것인지
③ 몇 명의 사람들이 경기를 할 것인지
④ Jeremy의 친구들은 경기를 위해 무엇을 가져가야 하는지

- racket 라켓
- playground 운동장

정답 ①

5~6

즐거운 밸런타인 데이!
- Mia의 집에서 초콜릿 파티
- 2월 14일 오후 6~9시
Mia는 열 가지 종류의 초콜릿을 준비할 거예요!

5

파티는 언제 열릴 건가요?
① 2월 2일에
② 2월 6일에
③ 2월 9일에
④ 2월 14일에

정답 ④

6

파티에 대해 알 수 없는 것은 무엇인가요?
① 어디서 그것이 열릴 것인지
② 얼마 동안 그것이 열릴 것인지
③ 몇 명의 사람들이 거기에 올 것인지
④ 얼마나 많은 종류의 초콜릿을 Mia가 준비할 것인지

- prepare 준비하다
- kind 종류

정답 ③

Reading Type 08

Sample 본문 50쪽 / 정답 1. ① 2. ④

Jim : Mary, 아홉 번째 생일을 축하해!
Mary : 고마워요, Jim 삼촌. 그리고 가방도 고맙습니다!
Jim : 네가 그것을 좋아하니 기쁘구나. 생일 파티는 어땠니?
Mary : 환상적이었어요.
Jim : 친구들한테 선물은 많이 받았니?
Mary : 네. Sam은 나에게 게임 CD를 주었고, Peter로부터는 책 한 권을 받았어요.

Q1. Mary는 Jim 삼촌으로부터 어떤 선물을 받았나요?
① 가방 ② 책
③ 게임 CD ④ CD 플레이어

Q2. Mary에 관해 사실이 아닌 것은 어느 것인가요?
① 그녀는 9살이 되었다.
② 그녀는 생일 파티를 열었다.
③ 그녀는 Jim 삼촌의 선물을 좋아했다.
④ 그녀는 친구들로부터 선물을 받지 못했다.

- fantastic 환상적인
- present 선물 (=gift)

Practice

본문 51~53쪽

1~2

Susie:	안녕하세요. 저는 이 상자를 뉴욕으로 붙이려고 합니다.
Ms. White:	알겠어요. 그것을 비행기로 보내고 싶으세요, 아니면 배로 보내고 싶으세요?
Susie:	어느 것이 더 빠르죠?
Ms. White:	비행기가 더 빠릅니다. 그런데 그것이 아주 조금 더 비싸요.
Susie:	음 ... 그러면 배를 이용할게요.
Ms. White:	좋아요. 12달러입니다. 그리고 그것은 2주 걸릴 거예요.

1

Susie는 얼마를 지불할까요?
① 12달러 ② 14달러
③ 20달러 ④ 30달러

정답 ①

2

대화로 알 수 있는 것은 무엇인가요?
① Susie는 매우 자주 상자들을 보낸다.
② Susie는 White 씨를 전에 만난 적이 있다.
③ Susie의 숙모는 뉴욕에 살고 있다.
④ Susie의 상자는 2주 안에 뉴욕에 갈 것이다.

• mail 우편으로 보내다
• send 보내다
• a bit 약간, 조금

정답 ④

3~4

Kathy:	아침에 일찍 일어나는 것은 나에게 너무 어려워.
Simon:	일찍 일어나기 쉬운 몇 가지 방법을 말해 줄까?
Kathy:	고마워! 난 정말 그게 필요해. 내가 어떻게 해야 하니?
Simon:	잠자리에 들기 전에 운동을 하고 일찍 자는 거야.
Kathy:	좋은 생각이야. 그 밖에 내가 할 수 있는 것은 무엇이니?
Simon:	자명종을 맞춰 놓는 것도 도움이 돼.

3

Kathy와 Simon은 주로 무엇에 대해 대화를 하고 있나요?
① 잠의 중요성
② 운동하기에 적절한 시간
③ 사람들은 왜 일찍 일어나는 것을 힘들어 하는가
④ 아침에 일찍 일어나는 방법

정답 ④

4

Kathy를 위한 Simon의 충고가 아닌 것은 무엇인가요?
① 일찍 잠자리에 들어라.
② 자명종을 맞춰 놓아라.
③ 잠들기 전에 운동을 해라.
④ 찬 물로 세수를 해라.

• get up 일어나다
• too 너무
• hard 힘든, 어려운
• way 방법
• exercise 운동; 운동하다
• go to bed 잠자리에 들다
• else 그 외에
• set ~을 맞추다
• helpful 도움이 되는

정답 ④

5~6

민:	나는 네가 미국에서 온 새로운 전학생이라고 들었어.
Mary:	맞아. 너는 우리반 학생이니?
민:	응. 미국의 역사에 대해 나에게 말해 줄 수 있니?
Mary:	물론이지. 1776년에 국가로 시작해서, 약 230년의 역사를 가지고 있어.
민:	그렇구나. 그러면 대통령들은 어때?
Mary:	첫 번째 대통령은 George Washington이고, 지금은 44번째 대통령인 Barack Obama야.

5

Mary와 민의 관계는 무엇인가요?
① 펜팔 친구 ② 이웃
③ 학급 친구 ④ 가족 구성원

정답 ③

6

대화에 따르면 사실은 무엇인가요?
① 미국은 200년 미만의 역사를 가지고 있다.
② 미국 역사에서 44명의 대통령이 있다.
③ Mary는 미국의 역사에 대해 아는 것이 아무것도 없다.
④ George Washington은 미국의 두 번째 대통령이었다.

• I've heard ~ ~을 들었다 (경험을 나타내는 표현)

• history 역사
• nation 국가
• president 대통령

정답 ②

Section 3 Writing Part

Writing Type 01

Sample 본문 54쪽 / 정답 shoes

A: 나는 신발 한 켤레를 샀어.
B: 예뻐보인다.

• a pair of 한 켤레의, 한 쌍의
• look ~해 보이다

Practice 본문 55쪽

1

A: 한 팀에 몇 명의 축구 선수가 있나요?
b: 11명의 선수가 있습니다.

• team 팀, 단체

정답 eleven

2

A: 너는 뭐 하는 것을 가장 좋아하니?
B: 나는 노래하는 것을 가장 좋아해.

• best 가장 (good/well-better-best)

정답 sing

3

A: 너는 무엇을 먹고 있니?
B: 나는 빵을 좀 먹고 있어.

• bread 빵

정답 bread

Writing Type 02

Sample 본문 56쪽 / 정답 (They are) holding each other's hands.

그들은 서로의 손을 잡고 있다.

• hold 잡다
• each other 서로

Practice 본문 57쪽

1

나는 아름다운 무지개를 보았다.

• rainbow 무지개
• lake 호수

정답 (I) saw a beautiful rainbow.

2

벽에는 두 개의 그림이 있다.

• wall 벽
• well 잘

정답 (There are) two pictures on the wall.

3

나는 눈 오는 날에 밖에서 노는 것을 좋아한다.

• outside ~ 밖에 (↔ inside ~ 안에)
• snowy 눈 오는
• cloudy 구름이 낀

정답 (I like) playing outside on snowy days.

Writing Type 03

Sample 본문 58쪽 / 정답 garden

정원에는 아주 많은 아름다운 꽃과 나무들이 있다. 나는 매일 벤치에 앉아, 그것들을 보는 것을 좋아한다.

• garden 정원

Practice

본문 59쪽

1

내 언니는 간호사이다. 그녀는 항상 아픈 사람들을 돌본다. 나는 그녀를 사랑하고, 그래서 나는 자라서 그녀가 하고 있는 같은 직업을 갖고 싶다.

- nurse　간호사
- take care of　~을 돌보다
- sick　아픈
- job　직업
- grow up　자라다, 성장하다

정답 nurse

2

매일 저녁, 나는 엄마와 설거지를 한다. 때때로 너무 많은 접시들 때문에 그것은 조금 힘들기도 한다. 그러나 동시에 재미있다.

- wash the dishes　설거지를 하다 (= do the dishes)
- sometimes　때때로
- hard　힘든, 어려운
- at the same time　동시에

정답 wash

3

일요일마다, 나는 항상 부모님을 위해 팬케이크를 만든다. 부모님은 아침으로 내 팬케이크를 드신다. 그분들은 내 팬케이크를 정말 좋아하신다. 나는 그분들의 미소짓는 얼굴을 볼 때 행복하다.

- make pancake　팬케이크를 만들다
- breakfast　아침
- smiling　미소짓는

정답 make

실전모의고사 1

Listening Part

1 ④	2 ①	3 ③	4 ①
5 ②	6 ②	7 ④	8 ①
9 ③	10 ③	11 ②	12 ④
13 ①	14 ②	15 ②	16 ④
17 ③	18 ③	19 ④	20 ③
21 ④	22 ①	23 ①	24 ④
25 ④	26 ②	27 ②	28 ②
29 ④	30 ①	31 ①	32 ③

Reading Part

33 ④	34 ③	35 ②	36 ④
37 ①	38 ④	39 ④	40 ②
41 ①	42 ②	43 ①	44 ①
45 ①	46 ④	47 ③	48 ②
49 ②	50 ④		

Writing Part

1 math	2 cream	3 is taking a picture
4 is taller than me		5 sunglasses

Listening Part

1

Script

A horse

- horse　말

2

Script

A round mirror

둥근 거울
- round　둥근, 원형의
- mirror　거울

3

Script

6:40 in the afternoon

오후 6시 40분

• afternoon　오후

4

Script

Writing a letter

편지 쓰기

• write　쓰다
• letter　편지

5

Script

My brother is playing the violin.

내 남동생은 바이올린을 연주하고 있는 중이다.

• brother　남동생, 형, 오빠
• play the violin　바이올린을 연주하다
• be -ing　~하고 있는 중이다

6

Script

My daddy and I went fishing yesterday.

아빠와 나는 어제 낚시를 하러 갔다.

• daddy　아빠
• go fishing　낚시하러 가다 (go-went-gone)
• yesterday　어제

7

Script

I took a picture of beautiful flowers.

나는 아름다운 꽃들의 사진을 한 장 찍었다.

• take a picture of ~　~의 사진을 한 장 찍다 (take-took-taken)
• beautiful　아름다운
• flower　꽃

8

Script

My son is reading a book.

내 아들은 책을 읽고 있다.

• son　아들
• read　읽다

9

Script

W: Linda, I'm leaving now. Can you stay home without me?
G: Yes, don't worry, Mom.
W: Please, take good care of your baby sister.
G: Yes, Mom.

여자: Linda, 나 지금 떠나. 나 없이 집에 있을 수 있겠니?
소녀: 네, 걱정 마세요, 엄마.
여자: 제발, 너의 여동생 아기를 잘 돌보렴.
소녀: 네. 엄마.

• leave　떠나다
• Can you ~?　너 ~할 수 있니?
• stay　머물다
• home　집
• without　~ 없이
• worry　걱정하다
• take good care of ~　~을 잘 돌보다

10

Script

B: I need to prepare things for summer camp.
G: What do you need?
B: I should buy a swimming suit and a sun cap.
G: OK. Let's go shopping later.

소년: 나는 여름 캠프를 위해 물건들을 준비해야 해.
소녀: 너는 뭐가 필요하지?
소년: 나는 수영복과 선캡을 사야 해.
소녀: 알았어. 나중에 쇼핑하러 가자.

• need to ~　~해야 한다, ~할 필요가 있다
• prepare　준비하다
• things　물건들
• should　~해야 한다
• swimming suit　수영복
• Let's ~.　~하자.
• go shopping　쇼핑하러 가다
• later　나중에

11

Script

M: Long time no see, Sarah.
G: Hello, Mr. Baker. It is good to see you again.
M: Same here. How did you spend your vacation?
G: I took a trip to Hawaii with my family.

남자: 오랜만이야, Sarah.
소녀: 안녕하세요, Baker 선생님. 다시 뵙게 되어 반갑네요.
남자: 나도 그래. 너는 너의 방학을 어떻게 보냈니?
소녀: 가족과 함께 하와이로 여행을 갔어요.

• Long time no see.　오랜만이야.
• again　다시

- same　똑같은
- Same here.　나도 그래.
- how　어떻게
- spend　(시간, 돈 등을) 쓰다
- vacation　방학, 휴가
- take a trip to ~　~로 여행가다 (take-took-taken)
- family　가족

12

Script

G: I feel so bored. Don't you want to do something fun?
B: Do you want to watch a movie?
G: No, I don't like that idea. Let's go to the zoo nearby.
B: You want to see animals instead. Sounds great. Let's go.

소녀: 나 아주 따분해. 너 뭔가 재미있는 것을 하고 싶지 않니?
소년: 너 영화 보고 싶니?
소녀: 아니, 나는 그 생각이 맘에 들지 않아. 근처에 있는 동물원에 가자.
소년: 대신에 너는 동물을 보고 싶어 하는 구나. 좋아. 가자.

- feel　~하게 느끼다
- so　아주, 매우
- bored　따분해 하는
- something fun　재미있는 어떤 것
- watch a movie　영화를 보다
- that　그, 저 ~ 〈명사 앞에서〉
- nearby　근처에
- instead　대신에

13

Script

W: Vicky, I saw you with a man yesterday. Who is he?
G: Oh, you did? He is my uncle, Jeff.
W: I see. What does he do?
G: He is a doctor.
Q. *What is the man's job?*

여자: Vicky야, 나는 네가 어제 어떤 남자랑 같이 있는 것을 봤어. 그 남자 누구니?
소녀: 아, 보셨어요? 그는 제 삼촌 Jeff예요.
여자: 그렇구나. 그는 어떤 일을 하시니?
소녀: 그는 의사예요.
Q. 남자의 직업은 무엇인가요?

- see　보다 (see-saw-seen)
- with　~와 함께
- man　남자
- yesterday　어제
- uncle　삼촌, 고모부, 이모부
- What does he do?　그는 어떤 일을 하니?, 그의 직업이 뭐니?
- job　직업

14

Script

M: Are you ready to order, Miss?
W: Yes, I'd like to have a salad, potato soup, and a steak.
M: OK. Anything to drink?
W: Water will be fine. Thanks.
Q. *What food will the woman have?*

남자: 주문할 준비 되셨나요, 손님?
여자: 네, 나는 샐러드, 감자 수프 그리고 스테이크를 먹을게요.
남자: 알겠습니다. 마실 것은요?
여자: 물이면 됩니다, 고마워요.
Q. 여자는 어떤 음식을 먹을까요?

- be ready to ~　~할 준비가 되다
- I'd like to ~　~하고 싶다
- have　먹다, 마시다
- potato　감자
- soup　수프
- steak　스테이크
- anything　어떤 것
- food　음식

15

Script

W&M: Congratulations, Charlie! Here is an X-box game.
B: Wow, it's so cool.
W: It's your birthday gift from us.
B: Thank you, Mom and Dad. It's a great birthday party.
Q. *When is the conversation taking place?*

여자와 남자: 축하해, Charlie! 여기 X-박스 게임이야.
소년: 와. 이거 정말 멋져요.
여자: 우리가 너에게 주는 생일 선물이란다.
소년: 고맙습니다, 엄마, 아빠. 멋진 생일 파티예요.
Q. 대화는 언제 일어나고 있나요?

- Congratulations.　축하해.
- Here is ~.　여기에 ~이 있어.
- so　아주, 매우
- cool　멋진
- gift　선물
- from ~　~로부터
- conversation　대화
- take place　일어나다, 발생하다

16

Script

M: Look at that picture. It is painted by Vincent van Gogh.
W: It is so beautiful.
M: This is one of his most famous pictures, "Starry Night."
W: Ah, I see. I really like this art museum.
Q. *What are they probably doing?*

남자: 저 그림을 봐. 저것은 빈센트 반 고흐가 그린 거야.
여자: 그것은 아주 아름답군요.
남자: 이것은 그의 가장 유명한 그림 중의 하나인 "별이 빛나는 밤"이지.
여자: 아, 알겠어요. 나는 이 미술관이 정말 좋아요.
Q. 그들은 아마 무엇을 하고 있을까요?

- look at ~ ~을 보다
- that ~ 저 ~ 〈명사 앞에서〉
- picture 그림, 사진
- be painted by ~ ~에 의해 그려지다
- beautiful 아름다운
- most 가장
- famous 유명한
- starry 별이 빛나는, 별이 총총한
- I see. (이제) 알겠다.

17

Script

G: Excuse me, can you tell me where the nearest bus stop is?
B: Sure. Go straight and turn right.
G: Go straight and turn right?
B: Yes, it's next to the police office. You can't miss it.
Q. *Where is the bus stop?*

소녀: 실례합니다, 가장 가까운 버스 정류장이 어디에 있는지 나에게 말해 주시겠어요?
소년: 그러죠. 똑바로 가셔서 오른쪽으로 도세요.
소녀: 똑바로 가서 오른쪽으로 돌아요?
소년: 그렇습니다, 그것은 경찰서 옆에 있어요. 분명히 찾으실 거예요.
Q. 버스 정류장이 어디에 있나요?

- Excuse me. 실례합니다.
- Can you tell me ~? 나에게 ~를 말해 주시겠어요?
- nearest 가장 가까운
- bus stop 버스 정류장
- straight 똑바로
- turn 돌다
- right 오른쪽으로 (↔ left 왼쪽으로)
- next to ~ ~ 옆에
- police office 경찰서
- miss (못 보고) 놓치다

18

Script

(W) This fruit is long and has a curved shape. Its color is yellow. It is very soft and tastes sweet. It is easy to peel this fruit. Monkeys always enjoy eating this fruit. They grow in hot weather.

이 과일은 길고 굽은 모양을 하고 있습니다. 이것의 색깔은 노랗습니다. 이것은 아주 부드럽고 맛은 달콤합니다. 이 과일의 껍질을 벗기기는 쉽습니다. 원숭이들은 항상 이 과일을 즐겨 먹습니다. 그것들은 더운 날씨에서 자랍니다.

- fruit 과일
- curved 굽은, 휜
- shape 모양
- taste ~한 맛이 나다
- sweet 달콤한
- easy 쉬운
- peel 껍질을 벗기다
- enjoy -ing ~하는 것을 즐기다, 즐겨 ~하다
- grow 자라다
- weather 날씨

19

Script

B: My teacher invited me to her house, so I need to get her something small.
G: Why don't you buy a spoon set?
B: A spoon set? That should be good enough.
G: I also want to buy one. Let's go shopping together.

소년: 나의 선생님이 나를 집으로 초대하셔서 나는 선생님께 자그마한 것을 드려야 해.
소녀: 숟가락 세트를 사면 어떨까?
소년: 숟가락 세트? 그거 충분히 좋을 거 같은데.
소녀: 나 역시 하나 사고 싶어. 같이 쇼핑하러 가자.

① 냄비 세트
② 머그잔 세트
③ 접시 세트
④ 숟가락 세트

- invite A to B A를 B로 초대하다
- so 그래서
- need to ~ ~할 필요가 있다, ~해야 한다
- get A B A에게 B를 마련해 주다
- something small 작은 어떤 것
- Why don't you ~? 너 ~하면 어떨까?
- spoon 숟가락
- should ~일 것이다; ~해야 한다
- enough 충분히
- go shopping 쇼핑하러 가다
- pot 냄비
- mug 머그잔
- plate 접시

20

Script

(Rings)
W: Hello, Luke. It's seven. Aren't you going to the gym?
M: No, I need to finish watching this show.
W: (not satisfied) Hmm, okay. Then, can you see me in an hour?
M: Yes, I'll see you in front of the gym at eight.

(전화벨이 울린다)
여자: 여보세요, Luke. 7시야. 체육관에 안 갈래?
남자: 안 갈래, 나는 이 쇼 보는 것을 끝내야 돼.
여자: (만족스럽지 않다) 흠, 좋아. 그럼, 한 시간 후에 나를 좀 볼 수 있겠어?
남자: 응, 8시에 체육관 앞에서 볼게.

• gym　체육관 (= gymnasium)
• finish -ing　~하는 것을 끝내다
• satisfied　만족한
• in an hour　한 시간 후에
• in front of ~　~의 앞에서

21

Script

B: Carol, are you done with writing the post card for our grandparents?
G: Yes, Lincoln. Do you know how much the stamp is?
B: It is $1.25. We must send our post cards by today.
G: I know. Are you ready to go?

소년: Carol, 너 우리 조부모님께 우편엽서 쓰는 거 다 끝냈니?
소녀: 응, Lincoln. 너 우표가 얼마인지 아니?
소년: 1달러 25센트야. 우리는 우리의 우편엽서를 오늘 중으로 보내야 해.
소녀: 알고 있어. 너 갈 준비 되었니?

① 은행
② 박물관
③ 음식점
④ 우체국

• be done with ~　~를 끝내다
• post card　우편엽서
• stamp　우표
• must　~해야 한다
• send　보내다
• by　~까지
• be ready to ~　~할 준비가 되어 있다
• post office　우체국

22

Script

G: I'm so hungry. Do we have anything to eat at home?
M: Have some cereal and milk.
G: We are out of milk. And I hate eating cereal every day.
M: Yeah, we should go grocery shopping.

소녀: 나 아주 배고파요. 집에 먹을 것이 있나요?
남자: 시리얼과 우유를 좀 먹어라.
소녀: 우유가 떨어졌어요. 그리고 저는 매일 시리얼 먹는 것이 너무 싫어요.
남자: 그렇구나, 우리 장을 보러 가야 겠다.

① 시장 가기
② 새 옷 사기
③ 피자 주문하기
④ 우유 한 컵 마시기

• anything to eat　먹을 것
• have　먹다, 마시다
• out of ~　~이 떨어진
• hate -ing　~하는 것을 아주 싫어하다
• every day　매일
• should　~해야 한다
• grocery　식료품점
• market　시장, 장
• clothes　옷, 의복

23

Script

B: How did you do on your exam?
G: I think I did well.
B: I'm happy for you.
G: Thank you.

소년: 너의 시험을 어떻게 봤니?
소녀: 나는 시험을 잘 본 것 같아.
소년: 나는 너 때문에 행복해.
소녀: 고마워.

① 고마워.
② 맞았어.
③ 맘껏 먹어.
④ 천만에.

• exam　시험
• think　생각하다
• do well　잘하다
• happy for ~　~ 때문에 행복한
• right　옳은, 맞는
• Help yourself.　맘껏 먹어.
• You're welcome.　천만에.

24

Script

M: May I get the flight's arrival schedule here?
W: Yes, you may.
M: When will the Korean Airline flight from Japan arrive?
W: In 10 minutes.

남자: 내가 여기서 항공기 도착 일정표를 얻을 수 있을까요?
여자: 네, 가능하죠.
남자: 일본발 대한항공은 언제 도착할 예정입니까?
여자: 10분 후에요.

① 열 번이요.
② 열 사람이요.
③ 10번 게이트에서요.
④ 10분 후에요.

- May I ~? 내가 ~ 해도 되나요?
- flight 항공편, 항공기, 비행
- arrival 도착
- airline 항공사
- arrive 도착하다
- times ~ 번; ~ 배
- gate 탑승구

25

Script

G: What a nice bag you have!
B: Oh, thank you. I bought it last week.
G: Where did you get it?
B: At the department store.

소녀: 너는 정말 멋진 가방을 갖고 있구나!
소년: 오, 고마워. 나는 그것을 지난 주에 샀어.
소녀: 너 그것을 어디에서 샀니?
소년: 백화점에서.

① 은행에서.
② 식당에서.
③ 콘서트홀에서.
④ 백화점에서.

- buy 사다 (buy-bought-bought)
- last week 지난 주에
- get 사다
- bank 은행
- concert hall 콘서트 홀
- department store 백화점

26

Script

B: I've finished my homework. Let's go home.
G: OK. Oh, it is raining outside.
B: Aw. I don't have an umbrella.
G: You can share mine.

소년: 나는 내 숙제를 끝냈어. 집에 가자.
소녀: 알겠어. 오, 밖에 비가 오고 있네.
소년: 에이. 나는 우산이 없는데.
소녀: 너는 내 것을 같이 써도 돼.

① 너는 들어와도 돼.
② 너는 내 것을 같이 써도 돼.
③ 너는 문을 열어도 돼.
④ 너는 너의 숙제를 끝내도 돼.

- finish 끝내다, 마치다 (finish-finished-finished)
- homework 숙제
- rain 비가 오다
- outside 바깥에
- come in 들어오다
- share 같이 쓰다, 공유하다
- mine 내 것

27

Script

① The children are having dinner.
② The children are cleaning the room.
③ The children are studying in the room.
④ The children are cooking some cookies.

① 아이들이 저녁을 먹고 있다.
② 아이들이 방을 청소하고 있다.
③ 아이들이 방에서 공부를 하고 있다.
④ 아이들이 약간의 쿠키를 만들고 있다.

- children 아이들 (단수 child)
- have dinner 저녁 식사를 하다 (= eat dinner)
- clean 청소하다
- study 공부하다
- bake 굽다
- some 약간의

28

Script

① Bob traveled to Japan.
② Joy traveled to America.
③ Mike traveled to France.
④ Lily traveled to Australia.

① Bob은 일본으로 여행을 갔다.
② Joy는 미국으로 여행을 갔다.

③ Mike는 프랑스로 여행을 갔다.
④ Lily는 호주로 여행을 갔다.

• country 나라
• travel to ~ ~로 여행을 가다 (travel-traveled-traveled)

29

Script
① The girl is closing her eyes.
② The boy is feeding his dog.
③ The girl is raising both her hands.
④ The boy is running with his dog.

① 소녀는 자기의 눈을 감고 있다.
② 소년은 자기의 개에게 먹이를 주고 있다.
③ 소녀는 자기의 두 손을 올리고 있다.
④ 소년은 자기의 개와 함께 달리고 있다.

• close (눈을) 감다; 닫다
• feed 먹이를 주다, 먹이다
• raise 들다, 들어 올리다
• both 둘 다

30

Script
① G: Can you play the piano?
B: Yes, I play tennis.
② G: Will you join me for dinner?
B: Yes, I will.
③ G: Do you like dogs?
B: Yes, I do. I just love them.
④ G: Shall we dance together?
B: Sure.

① 소녀: 너 피아노 칠 수 있니?
소년: 응, 나 테니스 쳐.
② 소녀: 나랑 저녁 식사 같이 할래?
소년: 응, 그럴게.
③ 소녀: 너 개 좋아하니?
소년: 응, 그래. 나는 개들을 정말로 사랑해.
④ 소녀: 우리 같이 춤 출까?
소년: 좋지.

• play the piano 피아노를 치다
• play tennis 테니스를 치다
• join 함께 하다
• just 정말로 〈강조할 때〉
• Shall we ~? 우리 ~할까?

31

Script
① B: Can you help me?
G: Yes, that was cheap.
② B: Which season is your favorite?
G: I like winter best.
③ B: Will you stay longer?
G: No, I want to leave now.
④ B: Should I talk to the manager?
G: No, you can tell me.

① 소년: 나를 도와줄 수 있니?
소녀: 응, 그것은 가격이 저렴했어.
② 소년: 어느 계절이 네가 가장 좋아하는 계절이지?
소녀: 나는 겨울이 가장 좋아.
③ 소년: 너는 더 오래 머물겠니?
소녀: 아니, 나는 지금 떠나고 싶어.
④ 소년: 내가 지배인에게 말해야 하니?
소녀: 아니, 너는 나에게 말하면 돼.

• cheap 가격이 싼, 저렴한
• which 어느, 어떤
• season 계절
• favorite 가장 좋아하는 것
• best 가장
• stay 머물다
• longer 더 오래
• leave 떠나다
• should ~해야 한다
• talk to ~ ~에게 말하다
• manager 지배인, 매니저

32

Script
① G: How is your family these days?
B: They are fine. Thank you.
② G: I don't know what Leo's phone number is.
B: I know. It's 02-258-3421.
③ G: Where was your brother last night?
B: Oh, they are students.
④ G: Which school do you go to?
B: I go to Korea Elementary School.

① 소녀: 너의 가족은 요즘 어떻게 지내니?
소년: 그들은 잘 지내. 고마워.
② 소녀: 나는 Leo의 전화번호가 뭔지 몰라.
소년: 나는 알지. 그것은 02-258-3421이야.
③ 소녀: 네 남동생은 지난 밤에 어디에 있었니?
소년: 오, 그들은 학생이야.
④ 소녀: 너는 어느 학교에 다니니?
소년: 나는 한국 초등학교에 다녀.

• these days 요즘
• phone number 전화번호
• last night 지난 밤에

- which 어느, 어떤
- go to school 학교에 다니다
- elementary school 초등학교

Reading Part

33

wsiea**book**cllqp**boat**ernf**bread**wespr 책 배 빵

- soap 비누

34

cqas**goat**hstmniop**star**vw**pencil**gpcnim 염소 별 연필

- calendar 달력

35

① 그녀는 너에게 펜들을 사 줄 거야. ② 너는 많은 친구들을 사귀는구나 ③ 그는 물을 좀 마시기 위해 멈춘다. ④ 나는 정오에 내 숙제를 끝냈다.

② makes → make 또는 made
You가 주어일 때 시제가 현재이면 동사 make 뒤에 s를 붙이지 않고 원형을 그대로 쓴다. 과거시제일 때는 made를 쓴다.

- buy A for B B에게 A를 사 주다
- make friends 친구를 사귀다
- a lot of ~ 많은 ~
- stop to ~ ~하기 위해 멈추다
- some 약간의
- finish 끝내다, 마치다 (finish-finished-finished)
- at noon 정오에

36

① 그는 나의 좋은 친구이다. ② 그들은 지금 당장 떠나야 한다. ③ 너는 너의 언니에게 소리를 지르면 안 된다. ④ 그녀는 어린이들에게 장난감을 많이 사 준다.

④ toy → toys
many (많은) 뒤에는 복수를 나타내는 명사가 와야 하므로 toy는 복수형 toys로 써야 한다.

- a friend of mine 나의 친구
- have to ~ ~해야 한다
- leave 떠나다
- right now 지금 당장
- should ~해서는 안 된다
- shout at ~ ~에게 소리지르다
- many 많은
- children 어린이들

37

전화벨이 울리고 있어. (전화기)를 들어.

① 전화기
② 양말
③ 시장
④ 우산

- ring 전화벨이 울리다
- pick up 들다, 집다
- pick up the phone 전화기를 들다, 전화를 받다
- phone 전화기
- socks 양말
- market 시장

38

나는 너에게 (다음 주에) 꽃을 좀 보낼게.

① 어제
② 여러해 전에
③ 지난 밤에
④ 다음 주에

- send A B A에게 B를 보내다
- some 약간의
- yesterday 어제
- year 해, 년
- ago ~ 전에
- last 바로 앞의, 지난
- night 밤
- next 다음의
- week 주

39

공기를 좀 쐬죠. 창문을 (열어) 주세요.

① 잠그다
② 닫다
③ 보다
④ 열다

- get 얻다
- some 약간의
- air 공기
- lock 잠그다
- close 닫다

40

오늘은 나의 열세 번째 생일이다.

① 나는 오늘 아기를 낳는다.
② 나는 13살이다.
③ 나는 생일 파티에 간다.
④ 나는 숫자 13을 좋아한다.

- thirteenth 열세 번째
- birthday 생일

- give birth to ~을 낳다
- ~ years old 나이가 ~세인

41

내 딸은 의사의 진료를 받으러 갔다.

① 내 딸은 병원에 갔다.
② 내 딸은 병원에서 일했다.
③ 내 딸은 자라서 의사가 되었다.
④ 내 딸은 의사의 진료를 받는 것을 즐겼다.

- go to see a doctor 의사의 진료를 받으러 가다 (go-went-gone)
- hospital 병원
- work for ~ ~에서 일하다 (work-worked-worked)
- grow up to be ~ 자라서 ~가 되다 (grow-grew-grown)
- enjoy -ing ~하는 것을 즐기다 (enjoy-enjoyed-enjoyed)

42

나는 농구를 잘한다.

① 나는 농구를 하고 싶어 한다.
② 나는 농구를 잘한다. /나는 훌륭한 농구 선수이다.
③ 나는 농구를 잘 못한다.
④ 나는 훌륭한 농구 선수 한 사람을 알고 있다.

- be good at -ing ~을 잘하다, ~에 소질이 있다 (↔ be bad[poor] at -ing)
- play basketball 농구를 하다

43

A: 이것을 사시겠습니까?
B: 예, 얼마죠?
A: 80달러입니다.
B: 여기 있습니다.

① 80달러입니다.
② 맘껏 드세요.
③ 대단히 감사합니다.
④ 도움이 필요하면 내게 말하세요.

- take (물건을) 사다
- How much ~? ~은 얼마죠?
- Help yourself. 맘껏 드세요.
- when ~할 때
- need ~이 필요하다

44

A: Jason, 경연대회를 위해 노래 연습을 했니?
B: 응, 나는 정말 우승하고 싶어서 연습을 많이 했어.
A: 너에게 행운을 빌게.
B: 고마워. 최선을 다할게.

① 너에게 행운을 빌게.
② 나는 아주 심하게 다쳤어.
③ 나는 연습을 많이 하고 싶어.
④ 나는 노래 부르기 대회에서 우승을 했어.

- practice -ing ~하는 연습을 하다 (practice-practiced-practiced)
- a lot 많이
- win 우승하다, 상을 받다 (win-won-won)
- wish 원하다, 바라다
- luck 운, 행운
- hurt oneself 다치다 (hurt-hurt-hurt)
- badly 심하게
- try one's best 최선을 다하다

45

A: 너를 다시 보니 너무 좋구나, 준.
B: 와 주셔서 감사합니다.
A: 천만에.
B: 이쪽으로 오세요.

① 천만에.
② 너는 지금 오는구나.
③ 너는 훌륭한 요리사야.
④ 너는 아주 기뻐하는구나.

- again 다시
- Thank you for ~. ~에 대해 감사드립니다.
- this way 이쪽으로
- cook 요리사
- pleased 기뻐하는

46

1. 안녕하세요? Jane과 통화할 수 있을까요?
4. 그녀는 여기 없어요. 메시지를 남기시겠습니까?
3. 네, 저는 그녀의 요가 선생님인 Davis라고 합니다.
2. 알겠습니다. Jane이 당신의 (전화) 번호를 갖고 있나요?

- May I speak to ~? 제가 ~와 통화할 수 있을까요? 〈전화대화〉
- This is ~. 저는 ~입니다. 〈전화대화〉
- yoga 요가
- be not here 여기에 없다
- leave 남기다
- message 메시지

47~48

'어린이' 영어 -- 오후반 월, 수, 금 오후 4시 ~ 오후 6시 당신의 영어가 읽기와 쓰기 분야에서 더 나아질 것입니다. 레벨 테스트 필요함. 전화: 042-401-2151

47

그들은 일 주일에 몇 개의 수업이 있나요?
① 한 번
② 두 번
③ 세 번
④ 네 번

48

광고에 대해 옳지 않은 것은 무엇인가요?
① 수업을 위한 레벨 테스트가 있다.
② 당신은 단지 어린이들과 함께 올 수 있다.
③ 수업은 읽기와 쓰기 반이다.
④ 수업은 오후에만 있다.

- children 어린이들
- class 수업 (복수: classes)
- p.m. 오후 (cf. a.m.: 오전)
- better 더 나은 (good-better-best)
- level 수준, 레벨
- how many ~ 얼마나 많은 ~
- which 어느 것
- correct 맞는, 옳은
- about ~ ~에 대해
- ad 광고 (= advertisement)

49~50

소년: Diana, 너는 '스파이더맨'이 보고 싶니, '엑스맨'이 보고 싶니? 소녀: 아니, 나는 '겨울왕국'이 보고 싶어. 소년: 그것도 괜찮네. 그거 보자. 소녀: 이봐, 영화 보기 전에 뭘 좀 먹는 게 어때? 소년: 좋아. 햄버거를 사는 것이 어떨까? 소녀: 좋지! 나는 치즈버거를 살 거야.

10

소년과 소녀는 어느 영화를 볼까요?
① 엑스맨
② 겨울왕국
③ 스파이더맨
④ 트랜스포머

50

소년과 소녀는 영화를 보기 전에 무엇을 할 것인가요?
① TV보기
② 전화하기
③ 운동하기
④ 음식을 좀 먹기

- Why don't we ~? 우리 ~ 하는 게 어떨까?
- something 뭔가, 어떤 것
- before ~전에
- How about -ing? ~하는 것이 어때?
- get 사다

Writing Part

1

소녀: 너는 어떤 과목을 가장 좋아하니? 소년: 나는 수학을 가장 좋아해.

- subject 과목
- best 가장
- math 수학

2

소년: 너는 후식으로 무엇을 원하니? 소녀: 나는 약간의 아이스크림을 원해.

- for dessert 후식으로, 디저트로
- some 약간의

3

소녀는 사진을 찍고 있는 중이다.

- be -ing ~하고 있는 중이다
- take a picture 사진을 찍다
- kick 차다

4

그녀는 나보다 더 키가 크다.

- taller 더 키가 큰
- than ~보다

5

오늘 나는 가족과 함께 공원에 갔다. 날씨는 화창했고, 그래서 내 가족은 (선글라스)를 썼다.

- with ~와 함께
- sunny 해가 난, 화창한
- so 그래서
- wear (안경을) 쓰다 (wear-wore-worn)
- coat 외투, 코트
- boots 장화, 부츠
- scarf 스카프
- sunglasses 선글라스

실전모의고사 2

Listening Part

1 ②	2 ③	3 ④	4 ①
5 ①	6 ②	7 ③	8 ④
9 ①	10 ②	11 ③	12 ④
13 ④	14 ①	15 ②	16 ③
17 ①	18 ④	19 ②	20 ③
21 ①	22 ③	23 ③	24 ②
25 ③	26 ③	27 ①	28 ②
29 ①	30 ①	31 ④	32 ③

Reading Part

33 ②	34 ③	35 ③	36 ④
37 ④	38 ③	39 ①	40 ②
41 ②	42 ③	43 ②	44 ②
45 ①	46 ③	47 ②	48 ③
49 ④	50 ③		

Writing Part

1 golf 2 winter 3 was born on April 17th
4 taking care of his child 5 doctor

Listening Part

1

Script
A tiger

• tiger 호랑이

2

Script
A square box

• square 정사각형

3

Script
10:25 in the morning

오전 10시 25분

• in the morning 오전에, 아침에

4

Script
Reading a book

책 읽기
• read 읽다

5

Script
My daddy is playing tennis.

우리 아빠는 테니스를 치고 계신다.

• daddy 아빠
• be -ing ~하고 있는 중이다
• play tennis 테니스를 치다

6

Script
My mom and I are washing dishes.

우리 엄마와 나는 설거지를 하고 있는 중이다.

• wash 씻다
• dish 접시 (복수: dishes)

7

Script
I go to school by bicycle every day.

나는 매일 자전거로 학교에 간다.

• go to school 학교에 가다, 등교하다
• by bicycle 자전거로
• every day 매일

8

Script
Two students are talking on the bench.

두 명의 학생이 벤치에 앉아 이야기하고 있다.

• student 학생
• talk 이야기하다, 말하다
• on the bench 벤치에 앉아, 벤치에서

9

Script

W: Lizzy, are you busy doing something?
G: No, Mom. I'm just watching TV now.
W: Then, can you water the flowers?
G: Of course. It is always more enjoyable than watching TV.

여자: Lizzy, 너 뭔가 하느라고 바쁘니?
소녀: 아니요, 엄마. 저는 지금 TV를 보고 있을 뿐이에요.
여자: 그러면, 너가 꽃에 물을 줄 수 있겠니?
소녀: 물론이죠. 그것은 TV 보는 것보다 항상 더 즐거운 걸요.

- busy -ing　~하느라 바쁜
- do something　뭔가를 하다
- just　단지, 그저
- watch TV　TV를 보다
- then　그러면
- water　물을 주다
- always　항상
- more enjoyable　더 즐거운
- than ~　~보다

10

Script

B: I don't know how to solve this question.
G: That's not difficult. You really should practice working math problems.
B: You are right. From now on, I will study math really hard.
G: Good! It's time to stop playing soccer all the time.

소년: 나는 이 문제를 푸는 방법을 모르겠어.
소녀: 그것은 어렵지 않아. 너는 정말 수학 문제를 푸는 연습을 해야겠다.
소년: 네 말이 맞아. 이제부터 나는 수학을 정말 열심히 공부할 거야.
소녀: 좋았어! 내내 축구하던 것을 멈줄 때야.

- how to ~　~하는 방법
- solve　(문제를) 풀다
- question　질문, 문제
- difficult　어려운
- should　~해야 한다
- practice -ing　~하는 연습을 하다
- work　(문제 등을) 풀다, 해결하다
- math　수학
- right　맞는, 옳은
- from now on　이제부터
- hard　열심히
- It is time to ~.　~할 때이다.
- stop -ing　~하던 것을 중단하다
- play soccer　축구하다
- all the time　내내, 항상

11

Script

M: How was your weekend, Sarah?
G: I went to Seoul with my family on Saturday.
M: Oh, yes. You told me you would go to an amusement park.
G: We were going to go there, but we visited our grandparents instead.

남자: 주말이 어땠니, Sarah?
소녀: 저는 토요일에 가족과 함께 서울에 갔어요.
남자: 아, 그래. 너는 놀이공원에 갈 거라고 나에게 말했지.
소녀: 우리는 거기에 갈 예정이었어요, 하지만 대신에 조부모님을 방문했지요.

- How was ~?　~은 어땠니?
- weekend　주말
- on Saturday　토요일에
- tell　말하다 (tell-told-told)
- amusement park　놀이공원
- be going to ~　~할 예정이다 (be-was[were]-been)
- visit　방문하다 (visit-visited-visited)
- grandparents　조부모님
- instead　대신에

12

Script

G: What happened to our kitchen?
B: I tried to prepare dinner for our parents' wedding anniversary.
G: That's sweet, Brian. But let's clean up this mess before they get back.
B: Yes, a messy kitchen can't be an impressive gift.

소녀: 우리 부엌이 어떻게 된 거야?
소년: 나는 우리 부모님의 결혼기념일을 맞아 저녁을 준비하려고 했어.
소녀: 착하구나, Brian. 하지만 부모님들이 돌아오시기 전에 이 엉망이 된 것을 치우자.
소년: 응, 지저분한 부엌이 감명깊은 선물이 될 수는 없지.

- happen　(일이) 일어나다 (happen-happened-happened)
- kitchen　부엌
- try to ~　~하려고 애쓰다, 노력하다 (try-tried-tried)
- prepare　준비하다
- dinner　저녁 식사
- wedding anniversary　결혼기념일
- sweet　착한, 상냥한
- clean up　치우다, 청소하다
- mess　엉망인 상태
- before　~ 전에
- get back　돌아오다
- messy　지저분한, 엉망인
- impressive　감명깊은, 인상적인

• gift 선물

13

Script

B: Ms. Thomas, I don't know how to pronounce this word.
W: Let me see. Say, 'spaghetti.'
B: Ah, is that spaghetti? The spelling looks weird.
W: Yes, but if you just pronounce as it is, then it's easy.
Q. *What is the woman's job?*

소년: Thomas 선생님, 저는 이 단어를 어떻게 발음하는지 모르겠어요.
여자: 어디 보자. '스파게티'라고 말해 봐.
소년: 아, 그게 스파게티예요? 철자가 기묘해 보이네요.
여자: 그래, 하지만 너가 단지 있는 그대로만 발음한다면 그것은 쉬워.
Q. 여자의 직업은 무엇인가요?

• how to ~ ~하는 방법
• pronounce 발음하다
• Let me ~ 내가 ~ 할게.
• spelling 철자
• weird 기이한, 기묘한
• if 만약 ~한다면
• just 단지
• as it is 있는 그대로
• job 직업

14

Script

M: Are you ready to order?
G: Yes, I'll have set A.
M: Set A comes with a cheeseburger, potato chips, and a coke.
G: For the cheeseburger, please make sure the onions are grilled.
Q. *What food will the girl have?*

남자: 주문하시겠습니까?
소녀: 네, 저는 A세트를 주세요.
남자: A세트는 치즈버거, 감자칩, 그리고 콜라가 함께 나옵니다.
소녀: 치즈버거에는 꼭 양파가 그릴에 구워진 것으로 부탁해요.
Q. 소녀는 어떤 음식을 먹을까요?

• be ready to ~ ~할 준비가 되어 있다
• have 먹다, 마시다
• potato 감자
• coke 콜라
• make sure ~ 반드시 (~하도록) 하다
• onion 양파
• grill 그릴에 굽다
• food 음식

15

Script

G: Look at those lions. They look so cool.
B: I prefer the big hippo over there. It's cute.
G: I don't think it's as cute as I watched in movies.
B: We like different animals. Anyway, let's look around more.
Q. *Where is the conversation taking place?*

소녀: 저 사자들을 봐. 그들은 아주 멋있어 보인다.
소년: 나는 저기에 있는 큰 하마가 더 좋아. 귀여워.
소녀: 나는 그것이 영화에서 본 것만큼 귀엽다고 생각되지 않아.
소년: 우리는 다른 동물들을 좋아하는구나. 아무튼, 더 둘러보자.
Q. 대화는 어디에서 일어나고 있을까요?

• those ~ 저 ~ 〈복수명사 앞에서〉
• so 아주
• cool 멋진
• prefer 더 좋아하다 (prefer-preferred-preferred)
• over there 저기에
• cute 귀여운
• as ~ as ... …만큼 ~한
• different 다른
• anyway 아무튼, 어쨌든
• look around 둘러보다, 구경하다
• more 더 (많이)

16

Script

W: I called you many times. Where were you?
M: I went to a park near the museum with our kids.
W: Why did you suddenly decide to take them there?
M: Because I wanted to take some pictures of them outside.
Q. *Why did the man decide to go out?*

여자: 내가 당신에게 여러 번 전화했었어. 당신은 어디에 있었어요?
남자: 나는 우리 애들과 같이 박물관 근처 공원에 갔었지.
여자: 왜 당신은 갑자기 애들을 거기로 데려가기로 결심한 거죠?
남자: 왜냐하면 나는 밖에서 애들 사진을 좀 찍어주고 싶었거든.
Q. 왜 남자는 외출을 하기로 결심했나요?

• call ~에게 전화하다 (call-called-called)
• many times 여러 번
• park 공원
• near ~ ~ 근처의
• museum 박물관
• kid 아이
• suddenly 갑자기
• decide to ~ ~하기로 결심[결정]하다
• take 데리고 가다
• because 왜냐하면, ~ 때문에
• take pictures of ~ ~의 사진을 찍다
• outside 밖에서

• go out 외출하다, 밖으로 나가다

17

Script

G: Excuse me, can you tell me where the post office is?
B: Sure. Go straight and turn left.
G: Go straight and turn right?
B: No, turn left and it's next to the bus stop. You can't miss it.
Q. *Where is the post office?*

소녀: 실례합니다, 나에게 우체국이 어디에 있는지 말해 주시겠어요?
소년: 그럼요. 똑바로 가셔서 왼쪽으로 도세요.
소녀: 똑바로 가서 오른쪽으로 돌라고요?
소년: 아니요, 왼쪽으로 도시면 그것은 버스 정류장 옆에 있어요. 분명히 찾으실 거예요.
Q. 우체국은 어디에 있나요?

• Excuse me. 실례합니다.
• post office 우체국
• straight 똑바로
• turn 돌다
• left 왼쪽으로
• right 오른쪽으로
• next to ~ ~ 옆에
• bus stop 버스 정류장
• miss 놓치다

18

Script

(W) It is a long-shaped vegetable. It usually has two kinds of colors, green and red. It has yellow seeds inside. It is very spicy. It is used for making kimchi because it is very hot.

이것은 긴 모양의 야채입니다. 이것은 대개 녹색과 빨강 두 가지 종류의 색깔을 띠고 있습니다. 이것은 안에 노란 씨를 갖고 있습니다. 이것은 아주 맵습니다. 이것은 아주 맵기 때문에 김치를 만드는 데 사용됩니다.

• shaped ~의 모양의
• vegetable 야채, 채소
• usually 대개, 주로
• two kinds of ~ 두 가지 종류의 ~
• seed 씨, 씨앗
• inside 안에, 내부에
• spicy 매운, 매콤한
• be used for ~ ~에 사용되다
• hot 매운

19

Script

B: Did you finish packing for our field trip next week?
G: No, I had no time to go shopping.
B: I heard it'll be cold. So I'm thinking of buying a jacket.
G: I also need a jacket. Let's go get one for each of us together.

소년: 너 다음 주에 있을 우리의 현장 학습을 위해 짐 싸는 일을 다 끝냈니?
소녀: 아니, 나는 쇼핑하러 갈 시간이 없었어.
소년: 나는 날씨가 추울 거라고 들었어. 그래서 재킷을 한 개 살까 생각 중이야.
소녀: 나 역시 재킷이 필요해. 같이 가서 우리들 각자를 위해 한 개씩 사자.

① 콜라
② 재킷
③ 바늘
④ 배낭

• finish -ing ~ 하는 것을 끝내다
• pack 짐을 싸다, 꾸리다
• field trip 현장 학습
• have no time to ~ ~할 시간이 없다 (have-had-had)
• go shopping 쇼핑하러 가다
• hear 듣다 (hear-heard-heard)
• think of ~ ~을 생각하다
• need 필요하다
• get 사다
• each of us 우리들 각자
• needle 바늘
• backpack 배낭

20

Script

(Rings)
W: Hello, Joey? Did you call me earlier?
M: Yes, I have two tickets for Yiruma concert at six tonight. Do you want to go?
W: Sure. It's now four o'clock. How about meeting at the library in an hour?
M: Sounds good to me.

(전화벨이 울린다)
여자: 여보세요, Joey니? 나한테 아까 전화했니?
남자: 응, 나한테 오늘밤 6시에 열리는 이루마 콘서트 티켓이 두 장 있어. 너 가고 싶니?
여자: 물론이지. 지금이 4시구나. 한 시간 후에 도서관에서 만나는 게 어떨까?
남자: 나는 좋아.

• earlier 이미, 아까
• How about -ing? ~하는 것이 어떨까?
• in an hour 한 시간 후에

21

Script

B: Mom, where are you going?
W: I'm going to pick up Lucy at the train station.
B: Oh, is Lucy coming today? Can I come with you?
W: Of course. She'll be happy to see you again.

소년: 엄마, 어디 가세요?
여자: 나는 기차역에서 Lucy를 태워 올 거야.
소년: 오, Lucy가 오늘 와요? 제가 엄마랑 같이 가도 되나요?
여자: 물론이지. 그녀가 너를 다시 보면 기뻐할 거야.

① 기차역
② 라디오 방송국
③ 경찰서
④ 지하철역

• pick up ~ ~를 차로 태워 오다
• train station 기차역
• again 다시
• radio station 라디오 방송국
• police station 경찰서
• subway station 지하철역

22

Script

W: (Out of breath) How long have we run?
M: About 30 minutes. Come on. Drink water and keep running.
W: No, I can't run any longer. Why don't we take some rest?
M: Alright. After our rest, we'll keep running.

여자: (숨이 차서) 우리가 얼마나 오랫동안 달린 거지?
남자: 약 30분 정도. 어서. 물을 마시고 계속 달려.
여자: 아니, 나는 더 이상 달리지 못하겠어. 우리 좀 쉬면 어떨까?
남자: 좋아. 휴식 뒤에 우리는 계속 달릴 거야.

• breath 숨
• out of breath 숨이 차서
• run 달리다 (run-ran-run)
• about 약
• minute 분 〈시간의 단위〉
• Come on. 어서.
• keep -ing 계속해서 ~하다
• not ~ any longer 더 이상 ~ 아닌
• Why don't we ~? 우리 ~하는 것이 어떨까?
• rest 휴식
• take some rest 좀 쉬다 (= get some rest)

• after ~후에

23

Script

B: Did you wait for me for a long time?
G: Yes, more than 20 minutes.
B: I'm so sorry.
G: That's OK.

소년: 너 나를 오랫동안 기다렸니?
소녀: 응, 20분이 넘어.
소년: 정말 미안해.
소녀: 괜찮아.

① 아직 아니야.
② 그게 다야.
③ 괜찮아.
④ 응, 부탁해.

• wait for ~ ~를 기다리다
• for a long time 오랫동안
• more than ~ ~ 이상
• yet 아직

24

Script

W: This is the CD player you asked for.
B: Cool. How much is this?
W: It's 65 dollars including tax.
B: Here you are.

여자: 이것이 네가 부탁한 CD 플레이어야.
소년: 멋지네요. 이거 얼마예요?
여자: 세금 포함해서 65달러야.
소년: 여기 있어요.

① 즐겁게 보내세요.
② 여기 있어요.
③ 맘껏 드세요.
④ 아침 식사 하세요.

• ask for ~ ~을 부탁하다, 청하다
• cool 멋진, 훌륭한
• including ~ ~을 포함하여
• tax 세금
• yourself 너 자신
• breakfast 아침 식사

25

Script

M: Alice, where are you from?
W: I'm from L.A., California.
M: When did you move to New York?
W: Five years ago.

남자: Alice, 너 어디에서 왔니?
여자: 나는 캘리포니아 주의 LA에서 왔지.
남자: 언제 뉴욕으로 이사했니?
여자: 5년 전에.

① 다섯 번.
② 5미터.
③ 5년 전에.
④ 5분 후에.

- be from ~ ~에서 왔다, ~ 출신이다
- move to ~ ~로 이사하다
- ago ~ 전에
- ~ times ~번, ~회
- in five minutes 5분 후에

26

Script

B: Mom, I got my test result today.
W: How did you do on your test?
B: I got an A+.
W: I'm so proud of you.

소년: 엄마, 저는 오늘 시험 결과를 받았어요.
여자: 너는 시험을 어떻게 봤니?
소년: 저는 A+를 받았어요.
여자: 나는 네가 너무 자랑스럽구나.

① 나도 시험을 봤어.
② 난 괜찮아, 고마워.
③ 나는 네가 너무 자랑스럽구나.
④ 그 말을 들으니 유감이야.

- get (성적을) 받다 (get-got-gotten)
- result 결과
- get an A+ A+를 받다
- so 아주, 너무
- be proud of ~ ~을 자랑스러워하다
- hear 듣다

27

Script

① The children are playing basketball.
② The children are playing volleyball.
③ The children are playing a card game.
④ The children are playing a computer game.

① 아이들이 농구를 하고 있다.
② 아이들이 배구를 하고 있다.
③ 아이들이 카드 게임을 하고 있다.
④ 아이들이 컴퓨터 게임을 하고 있다.

- children 아이들 (단수: child)
- play basketball 농구를 하다
- play volleyball 배구를 하다
- play a computer game 컴퓨터 게임을 하다

28

Script

① Tom likes playing chess.
② Kevin likes doing sports.
③ Anna likes watching movies.
④ Julie likes listening to music.

① Tom은 체스 하는 것을 좋아한다.
② Kevin은 운동 경기 하는 것을 좋아한다.
③ Anna는 영화 보는 것을 좋아한다.
④ Julie는 음악 듣는 것을 좋아한다.

- like -ing ~하는 것을 좋아하다
- play chess 체스를 하다
- do sports 운동 경기를 하다
- watch movies 영화를 보다
- listen to music 음악을 듣다

29

Script

① The girl is holding a dog.
② The girl is taking a walk.
③ The boy is sitting on the sofa.
④ The boy is talking on the phone.

① 소녀는 개를 안고 있다.
② 소녀는 산책을 하고 있다.
③ 소년은 소파에 앉아 있다.
④ 소년은 전화 통화를 하고 있다.

- hold (손으로) 들다, 안다
- take a walk 산책하다
- sit on the sofa 소파에 앉다
- talk on the phone 전화 통화하다

30

Script

① G: How old are you?
B: Small size will be good.
② G: Can I borrow your pen?
B: Of course, you can.
③ G: Nice to meet you.
B: Nice to meet you, too.
④ G: Do you want some more milk?
B: Yes, please.

① 소녀: 너 몇 살이니?
소년: 작은 사이즈가 좋을 거야.
② 소녀: 내가 너의 펜을 빌려도 될까?
소년: 물론이지, 그래도 돼.
③ 소녀: 만나서 반가워.
소년: 나도 만나서 반가워.
④ 소녀: 너 우유를 좀 더 원하니?
소년: 응, 부탁해.

- borrow 빌리다
- some more 조금 더

31

Script

① B: Where do you live?
G: I live in San Francisco.
② B: What is the time?
G: It's seven twenty.
③ B: Why didn't you call me?
G: I was too busy.
④ B: When will you go?
G: Right over there.

① 소년: 너는 어디에 사니?
소녀: 나는 샌프란시스코에 살아.
② 소년: 몇 시니?
소녀: 7시20분이야.
③ 소년: 왜 나한테 전화 안했니?
소녀: 나는 너무 바빴어.
④ 소년: 너 언제 갈 거니?
소녀: 바로 저기야.

- live in ~ ~에 살다
- What is the time? 몇 시니? (= What time is it?)
- call 전화하다
- too 너무
- busy 바쁜
- right 바로
- over there 저기에

32

Script

① G: I am a student.
B: So am I.
② G: How is your mom?
B: She's fine.
③ G: What a pretty doll!
B: Nice to meet you.
④ G: I'm so hungry.
B: Have something small.

① 소녀: 나는 학생이야.
소년: 나도 그래.
② 소녀: 너의 엄마는 잘 지내시니?
소년: 엄마는 잘 계셔.
③ 소녀: 정말 예쁜 인형이구나!
소년: 만나서 반가워.
④ 소녀: 나 아주 배고파.
소년: 조금만 먹으렴.

- So am I. 나도 그래.
- pretty 예쁜
- have 먹다, 마시다

Reading Test

33

wsiea**ship**cllq**glasses**pern**duck**fwtoothpa
배 안경 오리

- toothpaste 치약

34

chais**grape**shst**newspaper**mniop**vase**wg
포도 신문 꽃병

- chair 의자

35

① 그녀는 노래를 아주 잘 부를 수 있다.
② 나는 그림 그리는 것을 좋아한다.
③ 그는 그의 아기를 돌본다[돌보았다.]
④ 그들은 창문을 열었다.

③ look → looks 또는 looked
주어 He는 3인칭 단수이므로 일반동사의 원형을 그대로 쓸 수 없으며 현재형으로는 looks, 과거형으로는 looked를 써야 한다.

- very well 아주 잘
- like to ~ ~하는 것을 좋아하다

- draw 그리다
- look after ~ ~을 돌보다
- open 열다 (open-opened-opened)

36

① 바깥에 날씨가 흐릴지도 몰라.
② 내 친구가 나에게 연필을 한 자루 주었다.
③ 너는 이 쿠키들을 먹어도 좋다.
④ 우리는 어제 가방을 한 개[가방들을] 샀다.

④ a bags → a bag 또는 bags
셀 수 있는 명사 하나를 가리킬 때 그 앞에 a[an]을 쓰며 둘 이상이면 a[an]을 쓰지 않고 명사를 복수형으로 쓴다.

- might ~일지도 모른다
- cloudy 흐린, 구름이 낀
- outside 바깥에
- give A B A에게 B를 주다 (give-gave-given)
- these ~ 이 ~들 〈뒤에 복수명사〉
- cookie 쿠키 (복수: cookies)
- buy 사다 (buy-bought-bought)
- bag 가방 (복수: bags)
- yesterday 어제

37

비가 오고 있네요. 당신의 (우산)을 가지고 가세요.

① 손목시계
② 귀걸이
③ 장갑
④ 우산

- rain 비가 오다
- take 가지고 가다
- watch 손목시계
- earring 귀걸이
- gloves 장갑

38

나는 (지난밤에) 늦게 잠들었어.

① 더 늦게
② 내일
③ 지난밤에
④ 다음 달에

- go to sleep 잠들다 (go-went-gone)
- late 늦게
- later 나중에, 후에
- tomorrow 내일
- last night 지난밤에
- next month 다음 달에

39

Robins 씨는 큰 실수를 (했다).

① (실수를) 했다
② 잃어버렸다
③ 운전했다
④ 말했다

- mistake 실수, 잘못
- make a mistake 실수하다 (make-made-made)
- lose 잃어버리다 (lose-lost-lost)
- drive 운전하다 (drive-drove-driven)
- talk 말하다 (talk-talked-talked)

40

나는 바이올린 연주를 잘한다.

① 나는 바이올린 연주에 서툴다.
② 나는 바이올린을 잘 연주할 수 있다.
③ 나는 집에 좋은 바이올린을 하나 갖고 있다.
④ 나는 결코 전에 바이올린을 연주한 적이 없다.

- be good at -ing ~를 잘하다, ~에 소질이 있다
- play (악기를) 연주하다 (play-played-played)
- bad 서투른
- player 연주자, 선수
- at home 집에
- never 결코 ~ 아닌
- before 전에

41

Luke는 오늘 학교에 지각했다.

① Luke는 오늘 학교에 결석했다.
② Luke는 오늘 제시간에 학교에 있지 않았다.
③ Luke는 오늘 학교에서 마지막 수업을 들었다.
④ Luke는 오늘 학교에서 늦게 집에 왔다.

- late 지각한, 늦은; 늦게
- be late for ~ ~에 늦다, 지각하다
- be absent from ~ ~에 결석하다
- take a class 수업을 듣다
- on time 제시간에
- come home 집에 오다

42

어떤 학생도 그의 반에서 Chris보다 더 똑똑하지는 않다.

① Chris는 똑똑해서 많은 수업을 듣는다.
② Chris는 자기 반에서 똑똑한 학생들을 알고 있다.
③ Chris는 자기 반에서 가장 똑똑한 학생이다.
④ 그의 반에는 똑똑한 학생들이 많다.

- no ~ 어떠한 ~도 없는
- smarter 더 똑똑한
- than ~ ~보다
- class 학교; 수업
- smart 똑똑한
- smartest 가장 똑똑한

43

A: 나는 장보러 갈 거야.
B: 그럼 주스 한 병만 사다 줘.
A: 다른 것은 더 없어?
B: 아니, 그거면 돼.

① 내가 그것을 입어 봐도 될까?
② 그밖에 다른 것은 없어?
③ 도와 드릴까요?
④ 그것은 얼마예요?

- grocery 식료품점
- then 그러면
- get 사다
- bottle 병
- a bottle of juice 주스 한 병
- try on 입어 보다
- anything 어떤 것
- else 그 밖의 다른

44

A: 저를 초대해 주셔서 감사합니다.
B: 와 줘서 고마워.
A: 별 말씀을요.
B: 이쪽으로 오렴.

① 이리로 나를 따라오세요.
② 별말씀을요.
③ 그것은 초대장이에요.
④ 저 지금 가고 있어요.

- Thank you for ~. ~에 대해 감사드립니다.
- invite 초대하다
- this way 이리로
- follow 따라오다
- pleasure 기쁨, 즐거움
- invitation 초대, 초대장

45

A: 나는 나의 친구들과 함께 스케이트를 타러 갔어.
B: 멋지다! 거기서 즐겁게 보냈니?
A: 응, 나는 즐거운 시간을 보냈어.
B: 그 말을 들으니 기쁘다.

① 응, 나는 즐거운 시간을 보냈어.
② 응, 나는 너에 대해 들었어.
③ 아니, 나는 스케이트를 타러 가지 못했어.
④ 아니, 아무것도 변할 수가 없었어.

- go ice skating 스케이트를 타러 가다
- enjoy oneself 즐겁게 보내다
- have a good time 즐거운 시간을 보내다 (have-had-had)
- hear about ~ ~에 대해 듣다 (hear-heard-heard)
- nothing 아무것도 (~ 아닌)
- change 변하다 (change-changed-changed)

46

2. 당신은 여기가 너무 춥다고 생각하지 않으시나요?
3. 글쎄요, 별로요. 당신은 추우신가요?
4. 네, 그래요. 그러니까, 창문을 닫아도 될까요?
1. 물론이죠, 그러세요.

- Go ahead. 어서 그러세요.
- Don't you think ~? 당신은 ~라고 생각하지 않나요?
- too 너무
- feel 느끼다
- so 그래서, 그러니까
- close 닫다

47~48

'이전 세일'
안녕, 나는 Peter야. 나는 다음 토요일에 Denver로 이사를 가. 내 집에 있는 물건들을 팔려고 해.
이것들은 새 물건들인데 내가 갖고 가기에는 너무 커. 아래 물건들은 다음 목요일까지 할인해서 파는 거야. 고마워.
침대 100달러
TV (50인치) 100달러
소파 45달러
피아노 300달러
(전화: 714-246-6696)

47

언제까지 당신은 Peter에게서 물건을 살 수 있나요?
① 다음 화요일
② 다음 목요일
③ 다음 금요일
④ 다음 토요일

48

광고 대해 옳지 않은 것은 무엇인가요?
① Peter는 Denver로 이사를 할 것이다.
② 소파는 가장 싼 물건이다.
③ Peter는 작은 크기의 물건들을 팔고 있다.
④ TV와 침대는 가격이 같다.

- sale 판매
- move to ~ ~로 이사하다
- next Saturday 다음 토요일
- sell 팔다
- item 품목
- too ~ to ... …하기에는 너무 ~한
- take 갖고 가다
- following 다음의, 아래의
- on sale 할인 판매 중인
- until ~ ~(때)까지
- cheapest 가장 싼
- small sized 작은 크기의
- same 같은
- price 가격
- until when 언제까지

49~50

Paul : 너는 자라서 무엇이 되고 싶니?
Cindy : 나는 과학자가 되고 싶어.
Paul : 아, 그래서 너는 과학을 그렇게 열심히 공부하는구나.
Cindy : 응, 맞았어. 그런데 너는 아직도 배우가 되기를 원하니?
Paul : 아니, 나 마음이 바뀌었어. 나는 작가가 되고 싶어.
Cindy : 그렇다면 너는 책을 많이 읽어야 해.

49

소녀는 무엇이 되고 싶어 하나요?
① 작가
② 선생님
③ 배우
④ 과학자

50

소녀는 소년에게 무엇을 하라고 충고했나요?
① 일찍 일어나라.
② 과학을 공부해라.
③ 많은 책을 읽어라.
④ 많은 영화를 봐라.

- grow up 성장하다, 자라다
- scientist 과학자
- that's why ~ 그것이 ~한 이유이다
- so 그렇게
- still 아직도, 여전히
- actor (남자) 배우 (cf. actress: (여자) 배우)
- change 변하다 (change-changed-changed)
- mind 마음
- writer 작가
- should ~해야 한다

Writing Part

1

A: 너의 형은 지금 무엇을 하고 있니?
B: 그는 골프를 치고 있어.

- play golf 골프를 치다

2

A: 너는 어느 계절을 가장 좋아하니?
B: 나는 겨울을 가장 좋아해.

- which 어떤, 어느
- season 계절
- favorite 가장 좋아하는 (것)
- best 가장

3

Jane은 4월 17일에 태어났다.

- was born 태어났다 (be-was[were]-been)

4

그 남자는 자기 아이를 돌보고 있다.

- take care of ~ ~을 돌보다
- child 아이, 어린이

5

오늘 아침, 내가 잠에서 깨었을 때, 나는 아주 몸이 아픈 걸 느꼈다. 나는 의사의 진찰을 받으러 가야만 했다. 나는 곧 회복되기를 바란다.

- this morning 오늘 아침
- wake up 잠에서 깨다 (wake-woke-woken)
- feel 느끼다 (feel-felt-felt)
- sick 아픈
- have to ~ ~해야 한다 (have-had-had)
- see a doctor 의사의 진찰을 받다
- hope 바라다, 희망하다
- feel better 회복되다
- soon 곧
- patient 환자

실전모의고사 3

Listening Part

1 ②	2 ③	3 ②	4 ③
5 ④	6 ④	7 ①	8 ③
9 ①	10 ②	11 ②	12 ①
13 ②	14 ④	15 ①	16 ③
17 ①	18 ④	19 ③	20 ①
21 ④	22 ③	23 ②	24 ④
25 ①	26 ①	27 ②	28 ④
29 ④	30 ②	31 ③	32 ①

Reading Part

33 ④	34 ②	35 ③	36 ④
37 ④	38 ④	39 ②	40 ②
41 ③	42 ①	43 ③	44 ①
45 ②	46 ③	47 ④	48 ①
49 ②	50 ③		

Writing Part

1 spoon 2 write 3 went on a picnic yesterday
4 sitting next to the boy 5 soccer

Listening Part

1

Script
A butterfly

• butterfly 나비

2

Script
A ruler

• ruler 자

3

Script
2:20 in the morning

새벽 2시 20분

• morning 아침, 오전

4

Script
Drinking a glass of water

물 한 잔 마시기

• glass 유리잔
• a glass of water 물 한 잔

5

Script
Mike likes sitting under the tree.

Mike는 나무 밑에 앉는 것을 좋아한다.

• like -ing ~하는 것을 좋아하다
• under the tree 나무 밑에

6

Script
I saw many stars last night.

나는 지난밤에 많은 별을 보았다.

• see 보다 (see-saw-seen)
• many 많은
• star 별 (복수 stars)
• last night 지난밤에

7

Script
We are raising our hands high.

우리는 우리의 손을 높이 들고 있다.

• raise 들다, 들어 올리다
• high 높게; 높은

8

Script
I am wearing round-shaped glasses.

나는 둥근 모양의 안경을 쓰고 있다.

• be wearing 착용하고 있다
• round-shaped 둥근 모양의
• glasses 안경

9

Script

B: Did you meet the new student, Jake?
G: No. Where is he?
B: He's jumping rope over there.
G: Oh, I see.

소년: 너 새로 온 학생 Jake를 만났니?
소녀: 아니. 그가 어디에 있어?
소년: 그는 저기에서 줄넘기를 하고 있어.
소녀: 오, 알겠어.

- meet　만나다
- jump rope　줄넘기를 하다
- over there　저기에(서)

10

Script

B: What time is it? I'm hungry.
G: It's already 7:30. I made tomato spaghetti. Do you want some?
B: That would be really nice.
G: OK. Here it is.

소년: 몇 시야? 나 배고파.
소녀: 벌써 7시 30분이네. 내가 토마토 스파게티를 만들었어. 너 좀 먹을래?
소년: 그거 정말 좋겠는데.
소녀: 알았어. 여기 있어.

- already　벌써, 이미
- make　만들다 (make-made-made)
- some　조금, 약간
- would　~일 것이다
- really　정말로
- Here it is.　여기 있어.(= Here you are.)

11

Script

G: Are you okay? You don't look well.
B: I think I have a cold.
G: That's too bad. You should see a doctor.
B: No. I'll just get some sleep now.

소녀: 너 괜찮니? 너 몸이 안좋아 보여.
소년: 내가 감기에 걸린 것 같아.
소녀: 그것 참 안됐구나. 너는 의사의 진찰을 받아야 겠다.
소년: 아니. 나는 단지 지금 잠을 좀 잘 거야.

- look well　건강해 보이다
- have a cold　감기에 걸리다
- too　너무
- bad　나쁜, 안좋은
- That's too bad.　그것 참 안됐구나.
- should　~해야 한다
- see a doctor　의사의 진찰을 받다
- just　다만, 단지
- get some sleep　잠을 좀 자다

12

Script

G: Wow! There are so many animals here in the zoo.
B: Right. What do you want to see first?
G: Baby polar bears. I heard they are really cute.
B: OK. Let's go see them.

소녀: 와! 여기 동물원에 동물들이 아주 많네.
소년: 맞아. 너는 무엇을 먼저 보고 싶니?
소녀: 아기 북극곰. 나는 그들이 정말 귀엽다고 들었어.
소년: 알겠어. 그들을 보러 가자.

- There are ~.　~들이 있다.
- so　아주
- first　먼저
- polar bear　북극곰
- hear　듣다 (hear-heard-heard)
- cute　귀여운

13

Script

B: I missed the school bus because I was late.
G: Then how did you get to school?
B: I walked.
G: You should leave home early from now on.
Q. *How did the boy go to school today?*

소년: 나는 늦어서 스쿨 버스를 놓쳤어.
소녀: 그러면 너 어떻게 학교에 도착했니?
소년: 나는 걸어갔지.
소녀: 너는 이제부터 집을 빨리 떠나야겠네.
Q. 소년은 오늘 학교에 어떻게 갔나요?

- miss　놓치다 (miss-missed-missed)
- because　~ 때문에
- then　그러면
- get to ~　~에 다다르다, 도착하다
- walk　걷다 (walk-walked-walked)
- should　~해야 한다
- leave　떠나다
- early　일찍
- from now on　이제부터

14

Script

G: I lost my cat, Chichi.
B: What does she look like?
G: She has short legs and a long tail. And she is all black.
B: I'll help you find her.
Q. *Which is the girl's cat?*

소녀: 나는 내 고양이 Chichi를 잃어버렸어.
소년: 고양이가 어떻게 생겼니?
소녀: 고양이는 짧은 다리와 긴 꼬리를 가졌지. 그리고 온통 검은색이야.
소년: 나는 네 고양이 찾는 것을 도와줄게.
Q. 소녀의 고양이는 어느 것인가요?

- lose 잃어버리다 (lose-lost-lost)
- look like ~ ~처럼 보이다
- leg 다리
- tail 꼬리
- find 발견하다, 찾다

15

Script

B: What do you want to be when you grow up?
G: I'm interested in music. So I want to be a musician.
B: What kind of musician? Singer?
G: No. I want to be a pianist.
Q. *What does the girl want to be?*

소년: 너 자라서 뭐가 되고 싶니?
소녀: 나는 음악에 흥미가 있어. 그래서 나는 음악가가 되고 싶어.
소년: 어떤 종류의 음악가? 가수?
소녀: 아니. 나는 피아니스트가 되고 싶어.
Q. 소녀는 뭐가 되고 싶어 하나요?

- grow up 자라다, 성장하다
- be interested in ~ ~에 흥미가 있다
- musician 음악가
- what kind of ~ 어떤 종류의 ~

16

Script

B: Keith and I are going skiing tomorrow. Do you want to come?
G: I'd love to, but I have something else to do.
B: What is it?
G: I will practice painting all day.
Q. *What will the girl do tomorrow?*

소년: Keith와 나는 내일 스키를 타러 갈 거야. 너 가고 싶니?
소녀: 그러고 싶어, 하지만 나는 다른 할 일이 있어.
소년: 그게 뭔데?
소녀: 나는 하루종일 그림 그리는 연습을 할 거야.
Q. 소녀는 내일 무엇을 할까요?

- go skiing 스키타러 가다
- I'd love to. 그러고 싶어.
- something else 다른 어떤 것
- practice -ing ~하는 것을 연습하다
- all day 하루종일 (= all day long)

17

Script

W: Excuse me, where is Getty's Art Gallery?
M: You're almost there. Just go one block and turn left.
W: Got it. Walk one block and turn left, correct?
M: Correct!
Q. *Where is Getty's Art Gallery?*

여자: 실례합니다, Getty의 미술관이 어디에 있나요?
남자: 거의 다 오셨군요. 한 블록만 가서 왼쪽으로 도세요.
여자: 알겠어요. 한 블록을 걸어가서 좌회전, 맞죠?
남자: 맞아요!
Q. Getty의 미술관이 어디에 있나요?

- Excuse me. 실례합니다.
- You're almost there. 당신은 거의 다 오셨네요.
- just 단지, 오직
- turn left 좌회전하다
- Got it. 알겠어요.
- correct 맞는, 정확한

18

Script

(M) This is a place where you go climbing. You can usually see many trees, wild animals and flowers there. The name of the highest one in the world is Everest. Can you guess what this is?

이것은 당신이 등반을 하는 장소입니다. 당신은 거기에서 대개 많은 나무들, 야생 동물들 그리고 꽃들을 볼 수 있습니다. 세상에서 가장 높은 것의 이름은 에베레스트입니다. 당신은 이것이 무엇인지 알아맞힐 수 있나요?

- place 장소
- go climbing 등반하다
- usually 대개, 주로
- wild 야생의
- the highest one 가장 높은 것
- world 세계, 세상
- guess 짐작하다, 추측하다

19

Script

B: Where are you going, Christine?
G: I'm going to buy some books.
B: Let's go together. I also need some storybooks for my sister.
G: OK.

소녀: 너 어디 가니, Christine?
소녀: 나는 책을 몇 권 사려고 해.
소년: 같이 가자. 나도 내 여동생에게 사 줄 이야기책이 몇 권 필요해.
소녀: 좋아.

① 은행에
② 박물관에
③ 서점에
④ 옷 가게에

- be going to ~ ~할 예정이다
- some 몇몇의, 조금
- also 또한, 역시
- need 필요하다
- storybook 이야기책
- bank 은행
- bookstore 서점, 책방
- clothing store 옷 가게

20

Script

B: Who is the man in this photo?
G: He is my uncle, Jackson.
B: What does he do for a living?
G: He's a dentist. He's very kind to people.

소년: 이 사진에 있는 남자는 누구야?
소녀: 그는 내 삼촌이신 Jackson이야.
소년: 그는 생업으로 어떤 일을 하시니?
소녀: 그는 치과의사셔. 그는 사람들에게 아주 친절하시지.

① 소녀의 삼촌
② 소녀의 친구
③ 소년의 치과의사
④ 소녀의 선생님

- man 남자, 사람
- photo 사진
- uncle 삼촌, 이모부, 고모부
- living 생활비, 생계
- dentist 치과의사
- people 사람들
- talk about ~ ~에 대해 이야기하다

21

Script

G: Where does your grandpa live?
B: He lives in Maryland.
G: How long does it take to get there by car?
B: Eight hours, but it only takes two hours by plane.

소녀: 너의 할아버지는 어디에 사시니?
소년: 그 분은 메릴랜드에 사셔.
소녀: 자동차로 거기에 가려면 시간이 얼마나 걸리지?
소년: 여덟 시간, 하지만 비행기로는 단 두 시간밖에 걸리지 않아.

① 5시간
② 6시간
③ 7시간
④ 8시간

- grandpa 할아버지 (= grandfather)
- live in ~ ~에 살다
- how long 얼마나 오래
- take (시간이) 걸리다
- get there 거기에 도착하다
- by car 자동차로
- hour 시간
- only 단지
- by plane 비행기로

22

Script

W: Are you drinking cola again? It's not good.
B: Why not? I like it very much.
W: It's not good for your health. Drink milk instead.
B: Well, okay. I will try.

여자: 너 또 콜라 마시니? 그거 안 좋아.
소년: 왜 안돼죠? 저는 그것이 정말 좋단 말이에요.
여자: 그것은 너의 건강에 좋지 않아. 대신에 우유를 마시렴.
소년: 음, 좋아요. 노력할게요.

① 과일 먹기
② 콜라 마시기
③ 우유 마시기
④ 야채 먹기

- Why not? 왜 안돼죠?
- be good for ~ ~에 좋다
- health 건강
- instead 대신에
- try 노력하다
- fruit 과일
- vegetable 야채

23

Script

G: How was your trip to Japan?
B: It was great. I wanted to stay there longer.
G: Was it your first time visiting there?
B: Yes, it was.

소녀: 너의 일본 여행은 어땠니?
소년: 멋졌어. 나는 거기에 더 오래 머물고 싶었어.
여자: 거기에 처음으로 방문한 거니?
소년: 응, 그랬지.

- trip 여행
- want to ~ ~하기를 원하다 (want-wanted-wanted)
- stay 머물다
- longer 더 오래
- first time 첫번, 처음
- visit 방문하다
- won't (= will not) ~ ~하지 않을 것이다

24

Script

M: Are you going out tonight?
G: Yes. I will meet Jessica.
M: What time will you be back?
G: At around 8 pm.

남자: 너 오늘밤 외출할 거니?
소녀: 네. 저는 Jessica를 만날 거예요.
남자: 너 몇 시에 돌아올 거니?
소녀: 대략 오후 8시경에요.

① 세 살이요.
② 두 사람을 위해서요.
③ 저녁 식사를 하기 위해서요.
④ 대략 오후 8시경에요.

- go out 외출하다
- what time 몇 시에
- be back 돌아오다
- around 대략
- people 사람들
- have dinner 저녁 식사를 하다
- pm 오후

25

Script

(Rings)
G: Hello. Kelly speaking.
B: Hi, this is Ted. How are you doing in London?
G: Good. But it's raining all the time. How's the weather in Seoul?
B: It is sunny.

(전화벨이 울린다)
소녀: 여보세요. Kelly입니다.
소년: 안녕, 나는 Ted야. 너 런던에서 어떻게 지내니?
소녀: 잘 지내. 하지만 줄곧 비가 내려. 서울 날씨는 어떻니?
소년: 화창해.

① 화창해.
② 갈 시간이야.
③ 그것은 서울에 없어.
④ 그것은 런던에서 멀리 떨어져 있어.

- ~ speaking. ~인데요. 〈전화 대화〉
- This is ~. 나는 ~야. 〈전화 대화〉
- How are you doing? 너 어떻게 지내니?
- all the time 줄곧, 항상
- weather 날씨
- sunny 해가 난, 화창한
- It is time to ~. ~ 할 시간이다.
- far from ~ ~로부터 멀리 떨어진

26

Script

M: Excuse me. Can you help me?
W: Sure. What can I do for you?
M: I'm looking for ties. Where are they?
W: They are over there.

남자: 실례합니다. 저를 도와주시겠어요?
여자: 그러죠. 무엇을 도와드릴까요?
남자: 저는 넥타이를 찾고 있어요. 그것들이 어디에 있나요?
여자: 그것들은 저기에 있어요.

① 그것들은 저기에 있어요.
② 그것들은 2달러입니다.
③ 저 넥타이들은 멋져 보이네요.
④ 나는 그 쇼핑몰로 가고 있어요.

- look for ~ ~을 찾다
- tie 넥타이 (= necktie)
- over there 저기에
- mall 쇼핑몰 (= shopping mall)

27

Script

① The man has a knife.
② The man is cutting the girl's hair.
③ The girl has very long hair.
④ The girl is standing in front of the man.

① 남자는 칼을 가지고 있다.
② 남자는 소녀의 머리카락을 자르고 있다.
③ 소녀는 아주 긴 머리카락을 가지고 있다.
④ 소녀는 남자 앞에 서 있다.

- knife 칼
- hair 머리카락
- cut 자르다 (cut - cut - cut)
- in front of ~ ~의 앞에

28

Script

① He paid 3 dollars.
② He went to the store on Friday.
③ He went to the store in the morning.
④ He bought a cheese sandwich and juice.

① 그는 3달러를 지불했다.
② 그는 금요일에 가게에 갔다.
③ 그는 오전에 가게에 갔다.
④ 그는 치즈 샌드위치와 주스를 샀다.

Walt의 최고급 햄버거

전화: 9192330080
2015년 4월 17일 (금요일) 오전 10시 50분

치킨 샌드위치 1개 2달러
오렌지 주스 1개 1달러

총계 3달러
감사합니다!

- pay 지불하다 (pay-paid-paid)
- store 가게
- buy 사다 (buy-bought-bought)
- total 총, 총계

29

Script

① The boy is sitting on the sofa.
② The boy is reading a newspaper.
③ The girl is in the garden.
④ The girl is drawing flowers.

① 소년은 소파에 앉아 있다.
② 소년은 신문을 읽고 있다.
③ 소녀는 정원에 있다.
④ 소녀는 꽃을 그리고 있다.

- sit on the sofa 소파에 앉다
- newspaper 신문
- garden 정원
- draw 그리다

30

Script

① M: Will you stop singing, please?
W: OK, I will.
② M: How can I get to City Hall?
W: You're welcome.
③ M: Do you have to study tomorrow?
W: I think so.
④ M: Can you speak French?
W: No. But I want to learn it.

① 남자: 노래 부르는 것 좀 멈춰 주시겠어요?
여자: 알겠어요, 그럴게요.
② 남자: 제가 시청에 어떻게 갈 수 있을까요?
여자: 천만에요.
③ 남자: 내일 공부를 해야 하나요?
여자: 네, 그렇게 생각해요.
④ 남자: 프랑스어를 말할 수 있나요?
여자: 아니요 하지만 나는 그것을 배우고 싶어요.

- stop -ing ~하던 것을 멈추다
- get to ~ ~에 도착하다
- have to ~ ~해야 한다
- so 그렇게
- speak 말하다
- French 프랑스어
- learn 배우다

31

Script

① M: Do you want to go swimming?
W: Yes. Let's go together.
② M: How are you feeling today?
W: I'm feeling fine.
③ M: What date is it today?
W: I love Sundays.
④ M: Why didn't you come to the festival?
W: I was sick.

① 남자: 너 수영하러 가고 싶니?
여자: 응. 같이 가자.
② 남자: 너는 오늘 컨디션이 어떠니?
여자: 나는 컨디션이 좋아.
③ 남자: 오늘이 며칠이지?
여자: 나는 일요일을 아주 좋아해.
④ 남자: 왜 너 축제에 오지 않았니?
여자: 나 아팠어.

- go swimming 수영하러 가다
- date 날짜
- festival 축제
- sick 아픈

32

Script

① M: Who did you go to the party with?
W: Last summer vacation.
② M: What kind of music do you like?
W: I like hip-hop music.
③ M: Do you know the girl over there?
W: Yes. She is Alice.
④ M: You look great today.
W: Thanks for saying so.

① 남자: 너 파티에 누구랑 같이 갔니?
여자: 지난 여름 휴가.
② 남자: 너는 어떤 종류의 음악을 좋아하니?
여자: 나는 힙합 음악이 좋아.
③ 남자: 너 저기에 있는 소녀를 아니?
여자: 응. 그녀는 Alice야.
④ 남자: 너 오늘 멋져 보여.
여자: 그렇게 말해주니 고마워.

- with ~ ~와 함께
- last 지난
- summer 여름
- vacation 휴가, 방학
- kind 종류
- look ~하게 보이다
- say 말하다

Reading Part

33

abe**ball**xuy**desk**etvazsi**watch**neqtrcebezkiittnge
공 책상 손목시계

- basket 바구니

34

plas**aunt**eysclfemeylougs**cousin**eju**brother**amn
숙모 사촌 남자형제

- family 가족

35

① 그가 너에게 전화를 할 것이다.
② 그녀는 말을 천천히 한다.
③ 나는 음악을 듣는다[듣는 중이다].
④ 그들은 김 선생님을 어제 만났다.

③ am listen → listen 또는 am listening
be동사 뒤에 일반동사는 -ing 형태로 쓰여 '~하고 있는 중이다'의 뜻을 나타낸다. 혹은 be동사를 빼고 일반동사만 써서 평소의 습관적인 행동을 표현할 수 있다.

- call 전화하다
- slowly 천천히
- listen to music 음악을 듣다
- meet 만나다 (meet-met-met)
- yesterday 어제

36

① 너는 신이 나 보인다.
② 우리는 너와 말하는 것을 좋아한다.
③ Jack은 양치질을 하고 있다.
④ 우리 할머니는 사과 한 개를[사과들을] 갖고 계신다.

④ an apples → an apple 또는 apples
셀 수 있는 명사 하나를 가리킬 때 그 앞에 a[an]을 쓰며, 둘 이상이면 a[an]을 쓰지 않고 명사를 복수형으로 쓴다.

- excited 신이 난
- like -ing ~하는 것을 좋아하다
- talk to ~ ~와 말하다, ~에게 말을 걸다
- brush one's teeth 이를 닦다
- grandma 할머니

37

우리 아버지는 일하러 가기 위해 자동차를 (운전하신다).

① 먹는다
② 묻는다
③ 머문다
④ 운전한다

- work 일하다
- ask 묻다
- stay 머물다
- drive 운전하다

38

나는 아주 (빨리) 달려서 경주에서 우승했다.

① 슬프게
② 친절하게
③ 시끄럽게
④ 빨리

- run 달리다 (run-ran-run)
- so 그래서
- win 우승하다 (win-won-won)
- race 경주

• sadly　슬프게
• kindly 친절하게
• loudly　시끄럽게
• quickly　빨리

39

테이블 (위에) 앉지 마세요.

• Do not ~.　~하지 마세요.
• sit on ~　~ 위에 앉다

40

나는 Jenna에게 이메일을 보낸다.

① 나는 이메일 보내는 것을 좋아한다.
② 나는 이메일을 Jenna에게 보낸다.
③ Jenna는 많은 이메일을 읽는다.
④ Jenna는 나에게 매일 이메일을 보낸다

• send A B　A에게 B를 보내다 (= send B to A)
• like -ing　~하는 것을 좋아하다
• every day　매일

41

너는 음식을 낭비해서는 안 된다.

① 너는 음식을 낭비하지 않았다.
② 너는 음식을 낭비하지 않을 것이다.
③ 너는 음식을 낭비해서는 안 된다.
④ 너는 음식을 낭비할 수 없었다.

• should not ~　~해서는 안 된다
• waste　낭비하다
• food　음식
• did not ~　~하지 않았다
• will not ~　~하지 않을 것이다
• must not ~　~해서는 안 된다
• could not ~　~할 수 없었다

42

James와 나는 자전거를 함께 탄다.

① 나는 James와 함께 자전거를 탄다.
② James는 내 자전거를 빌렸다.
③ James와 나는 새 자전거들을 얻었다.
④ James와 나는 자전거를 아주 잘 탈 수 있다.

• ride a bicycle　자전거를 타다
• together　함께
• borrow　빌리다 (borrow-borrowed-borrowed)
• get　얻다 (get-got-gotten)
• very well　아주 잘

43

A: 이것이 너의 Barbie 인형이니? B: 응, 그것은 우리 아빠한테서 받은 선물이야. A: <u>그것은 이름이 있니?</u> B: 응, 그래. 나는 그것을 미미라고 불러.

① 그것이 너의 인형이니?
② 그것이 정말 예쁘니?
③ 그것은 이름이 있니?
④ 너는 더 많은 인형이 있니?

• gift　선물
• call A B　A를 B라고 부르다
• more　더 많은

44

A: 너는 너의 성적표를 받았니? B: 응. 나는 수학에서 좋은 점수를 받았어. A: <u>나도 그래.</u> B: 와! 우리 둘 다 수학을 잘하는구나.

① 나도 그래.
② 응, 나는 그랬지.
③ 고마워.
④ 아니, 우리는 그렇지 않아.

• report card　성적표
• grade　성적, 점수
• get a good grade　좋은 점수를 받다
• math　수학
• both　둘 다
• be good at ~　~을 잘하다, ~에 소질이 있다
• Me, too.　나도 그래.

45

A: 안녕, Tom. B: 안녕. 나는 내일 파티를 열 거야. 너 올 수 있니? A: <u>미안하지만, 나는 그럴 수가 없어.</u> B: 오, 왜 못오는데?

① 나는 집에 가고 있어.
② 미안하지만, 나는 그럴 수가 없어.
③ 그 파티는 누구를 위한 거야?
④ 그 파티가 언제 시작하지?

• have a party　파티를 열다
• come home　집에 가다
• start　시작하다

46

2. 너는 영어를 어떻게 공부하니? 3. 나는 매일 영어로 된 어린이용 책들을 읽어. 1. 그것이 도움이 되니? 4. 확실히 그래요.

- helpful　도움이 되는
- in English　영어로 된, 영어로
- every day　매일
- sure　확실히, 틀림없이

47~48

Brenda는 그녀의 학급 친구들을 여러분에게 소개하고 싶어 합니다.

이름:	Rita	Ashley	Martin	Andy
나이:	11세	11세	10세	12세
취미:	사진 찍기	쇼핑하기	독서	기타 연주하기

47

앨범에서 당신이 볼 수 없는 것은 무엇인가요?
① Andy의 얼굴
② Rita의 취미
③ Martin의 나이
④ Ashley의 학교 이름

48

다음 중에서 사실인 것은?
① Andy는 기타를 칠 수 있다.
② Rita는 Ashley보다 나이가 더 많다.
③ Ashley는 쇼핑을 좋아하지 않는다.
④ Brenda는 그녀의 다섯 명의 친구를 소개하고 있다.

- introduce A to B　A를 B에게 소개하다
- schoolmate　급우, 반 친구
- age　나이
- hobby　취미
- take pictures　사진을 찍다
- face　얼굴
- which　어느 것
- following　다음의 것, 아래에 쓴 것
- true　진실의, 사실의
- older than ~　~보다 나이가 더 많은

49~50

Becky: 너 'The Great Man'이라는 영화 보았니?
Tim: 응, 나는 그 영화의 줄거리가 가장 좋았어. 너는 어떠니?
Becky: 나는 남자 배우들이 좋았어. 그들은 잘생겼더라.
Tim: 글쎄, 그들은 괜찮았어. 하지만 음악은 좋았던 것 같지 않아.
Becky: 정말? 나는 음악 덕분에 영화를 더 재미있게 보았어.
Tim: 글쎄, 나는 그렇지 않았어.

49

Tim이 영화에 대해 가장 좋았던 것은 무엇인가요?
① 그것의 제목
② 그것의 줄거리
③ 그것의 음악
④ 그것의 남자 배우들

50

Becky에 대해 사실이 아닌 것은 무엇인가요?
① 그녀는 그 영화를 재미있게 보았다.
② 그녀는 그 영화에서 남자 배우들을 좋아했다.
③ 그녀는 그 영화의 음악을 좋아하지 않았다.
④ 그녀는 남자 배우들이 잘생겼다고 생각했다.

- story　줄거리
- most　가장
- How about you?　너는 어때?
- actor　남자 배우
- handsome　잘생긴
- enjoy　즐기다 (enjoy-enjoyed-enjoyed)
- better　더 잘, 더 많이
- thanks to ~　~ 덕분에
- title　제목
- think　생각하다 (think-thought-thought)

Writing Part

1

A: 이크! 나는 내 숟가락을 떨어뜨렸네.
B: 괜찮아. 여기에 새 것이 있어.

- Oops!　이크!, 이런!
- drop　떨어뜨리다 (drop-dropped-dropped)
- That's okay.　괜찮아.
- Here is ~.　여기에 ~이 있어.
- new one　새 것

2

A: 너는 잠자리에 들기 전에 무엇을 하니?
B: 나는 내 일기를 써.

- before ~ 전에
- go to bed 잠자리에 들다
- diary 일기

3

우리는 어제 소풍을 갔다.

- go on a picnic 소풍을 가다 (go-went-gone)
- yesterday 어제

4

소녀는 소년 옆에 앉아 있다.

- next to ~ ~ 옆에
- front 앞, 정면

5

내가 가장 좋아하는 활동은 축구하기이다. 나는 키가 크지는 않지만 점프를 아주 높이 할 수 있다. 장래에, 나는 박지성처럼 훌륭한 축구 선수가 되고 싶다.

- favorite 가장 좋아하는
- thing 것
- jump 점프하다
- high 높게; 높은
- in the future 미래에, 장래에
- soccer player 축구 선수
- like ~ 같은

실전모의고사 4

Listening Part

1 ①	2 ③	3 ④	4 ②
5 ③	6 ①	7 ④	8 ②
9 ④	10 ②	11 ②	12 ③
13 ④	14 ②	15 ①	16 ④
17 ③	18 ①	19 ④	20 ③
21 ①	22 ①	23 ④	24 ③
25 ①	26 ①	27 ④	28 ②
29 ③	30 ③	31 ②	32 ④

Reading Part

33 ③	34 ②	35 ③	36 ②
37 ④	38 ①	39 ④	40 ②
41 ②	42 ②	43 ③	44 ③
45 ②	46 ②	47 ③	48 ③
49 ③	50 ②		

Writing Part

1 doll 2 jump 3 looking at the girl
4 a picture with a pencil 5 ship

Listening Part

1

Script
An eagle

- eagle 독수리

2

Script
A baseball

- baseball 야구공; 야구

3

Script
5:45 in the afternoon

오후 5시 45분
- afternoon 오후

4

Script
Swimming in the sea

바다에서 수영하기

• swim 수영하다
• sea 바다

5

Script
I wash my hair every evening.

나는 매일 저녁 머리를 감는다.

• wash 씻다
• hair 머리카락
• every evening 매일 저녁

6

Script
There is a pair of socks on the floor.

마루에 양말 한 켤레가 있다.

• There is[are] + 단수명사[복수명사]. ~이 있다.
• a pair of socks 양말 한 켤레
• floor 바닥, 마루

7

Script
Jessica enjoys playing the guitar.

Jessica는 기타 연주하는 것을 즐긴다.

• enjoy -ing ~하는 것을 즐기다
• play the guitar 기타를 연주하다

8

Script
I am standing on the chair.

나는 의자 위에 서 있다.

• on the chair 의자 위에

9

Script
B: Where is the vase?
G: Why are you looking for the vase?
B: I will put the flowers in it.
G: Oh, it's on the table over there.

소년: 꽃병이 어디에 있지?
소녀: 너는 왜 꽃병을 찾고 있니?
소년: 나는 그 안에 꽃들을 넣으려고 해.
소녀: 오, 그것은 저기 탁자 위에 있네.

• vase 꽃병
• put 두다, 놓다 (put-put-put)
• over there 저기에

10

Script
G: What do you want to be in the future?
B: A math teacher. I love math.
G: Really? It is too difficult for me.
B: Maybe I can help you.

소녀: 너는 장래에 뭐가 되고 싶니?
소년: 수학 선생님. 나는 수학이 아주 좋아.
소녀: 정말? 그것은 나에게 너무 어려운데.
소년: 아마 내가 너를 도와줄 수 있을 거야.

• want to be ~ ~가 되고 싶어하다
• future 미래, 장래
• in the future 미래에, 장래에
• math 수학
• too 너무
• difficult 어려운
• maybe 아마

11

Script
G: Jack. Do you know how to go to the library?
B: Yes. You can take bus number 10.
G: Good. I will do that. How long does it take?
B: Only 20 minutes. It's faster than the subway.

소녀: Jack. 너는 도서관에 어떻게 가는지 아니?
소년: 응. 10번 버스를 타면 돼.
소녀: 좋아. 그렇게 해야지. 얼마나 걸리니?
소년: 단 20분이야. 그것은 지하철보다 더 빨라.

• how to ~ ~하는 방법
• library 도서관
• take (교통수단을) 타다; (시간이) ~ 걸리다

- number　번호; ~번
- How long does it take?　시간이 얼마나 걸리니?
- only　단지
- faster than ~　~보다 더 빠른
- subway　지하철

12

Script

G: Why didn't you come to watch a movie yesterday?
B: Sorry. I went to my grandpa's house.
G: Why did you go there?
B: Because he had his 60th birthday party.

소녀: 너는 어제 왜 영화를 보러 오지 않니?
소년: 미안해. 나는 할아버지 댁에 갔었어.
소녀: 왜 거기에 갔는데?
소년: 할아버지께서 60번째 생신 파티를 하셨기 때문이지.

- why　왜
- yesterday　어제
- watch a movie　영화를 보다
- grandpa　할아버지 (= grandfather)
- go there　거기에 가다
- because　~ 때문에
- have a party　파티를 열다 (have-had-had)
- 60th (= sixtieth)　60번째

13

Script

G: Dad, can I go to the park with my puppy?
M: Sure. But did you finish your homework?
G: Of course, I did.
M: OK. Come back home before it gets dark.
Q. *What will the girl do?*

소녀: 아빠, 제가 제 강아지랑 같이 공원에 가도 될까요?
남자: 그래라. 하지만 너 숙제 다 했니?
소녀: 물론, 다 했어요.
남자: 좋아. 어두워지기 전에 집에 돌아오거라.
Q. 소녀가 무엇을 할까요?

- park　공원
- puppy　강아지
- finish　끝내다
- before　~ 전에
- get　~ 되다
- dark　어두운

14

Script

B: You have a nice bicycle.
G: Thanks. My mom bought it for me.
B: Cool. It has a basket in the front!
G: Yeah. So I can put something in it.
Q. *Which is the girl's bicycle?*

소년: 너 근사한 자전거 한 대 갖고 있더라.
소녀: 고마워. 우리 엄마가 그것을 나에게 사 주셨어.
소년: 멋있다. 그것은 앞부분에 바구니가 하나 있네!
소녀: 맞아. 그래서 나는 그 안에 무언가를 넣을 수 있어.
Q. 소녀의 자전거는 어떤 것인가요?

- buy A for B　B에게 A를 사 주다 (buy-bought-bought)
- cool　멋있는, 훌륭한
- basket　바구니
- front　앞부분, 정면
- put　두다, 놓다
- something　어떤 것, 무언가

15

Script

B: It is so sunny today. I love spring.
G: I love spring, too Now, we can play outside.
B: You're right. Last winter was too cold.
G: I know. So I stayed home almost every day.
Q. *Which season do the boy and the girl like?*

소년: 오늘 아주 날씨가 화창하다. 나는 봄이 정말 좋아.
소녀: 나도 봄을 아주 좋아해. 이제 우리는 밖에서 놀 수가 있어.
소년: 네 말이 맞아. 지난 겨울은 너무 추웠지.
소녀: 나도 알아. 그래서 나는 거의 매일 집에 있었어.
Q. 소년과 소녀는 어떤 계절을 좋아하나요?

- sunny　화창한, 해가 난
- love　아주 좋아하다
- spring　봄
- too　역시, 또한; 너무
- outside　밖에서
- last　지난
- winter　겨울
- cold　추운
- stay　머물다
- almost　거의
- every day　매일
- season　계절

16

Script

W: What will you bring to the camp?
B: I need to bring some T-shirts, soap and towels.
W: Don't you need toothpaste?
B: No. The teacher said toothpaste will be there.
Q. *What will the boy NOT bring to the camp?*

여자: 너는 캠프에 무엇을 가져갈 거니?
소년: 저는 티셔츠 몇 장, 비누, 그리고 수건들을 가져 가야 해요.
여자: 너 치약은 필요하지 않니?
소년: 예 (필요 없어요). 선생님이 치약은 거기에 있을 거라고 말씀하셨어요.
Q. 소년은 캠프에 무엇을 가져가지 않을까요?

- bring 가져가다
- need to ~ ~해야 하다, ~할 필요가 있다
- some 약간의
- soap 비누
- towel 수건
- toothpaste 치약
- say 말하다 (say-said-said)
- be there 거기에 있다

17

Script

M: Where is Star Bakery?
W: It is next to Hangang Middle School.
M: How can I get there?
W: Just turn left at the first corner.
Q. *Where is Star Bakery?*

남자: Star Bakery가 어디에 있나요?
여자: 그것은 한강 중학교 옆에 있습니다.
남자: 제가 거기에 어떻게 가죠?
여자: 단지 첫 번째 모퉁이에서 왼쪽으로 돌기만 하세요.
Q. Star Bakery가 어디에 있나요?

- bakery 제과점, 빵집
- next to ~ ~ 옆에
- middle school 중학교
- get there 거기에 도착하다
- just 단지, 오직
- turn 돌다
- left 왼쪽으로
- first 첫 번째
- corner 모퉁이

18

Script

(M) This is something you drink. This comes from cows. And its color is usually white. Many people think they can be healthier if they drink this often. Can you guess what this is?

이것은 여러분이 마시는 어떤 것입니다. 이것은 젖소에게서 나옵니다. 그리고 이것의 색깔은 대개 흰색입니다. 많은 사람들은 이것을 자주 마시면 더 건강해질 수 있다고 생각합니다. 이것이 무엇인지 알아맞힐 수 있나요?

- something 어떤 것
- drink 마시다
- come from ~ ~에서 나오다
- cow 젖소, 암소
- usually 대개, 주로
- people 사람들
- think 생각하다
- healthier 더 건강한
- if 만약
- often 자주, 종종
- guess 짐작하다, 추측하다

19

Script

B: I'd like to order a cheese sandwich.
W: Anything to drink with that?
B: No, thanks. I just need one sandwich.
W: OK. Wait a moment.

소년: 저는 치즈샌드위치 하나를 주문하고 싶습니다.
여자: 그것과 같이 드실 음료도 드릴까요?
소년: 아니요, 됐어요. 저는 단지 샌드위치 하나만 필요합니다.
여자: 알겠습니다. 잠시만 기다리세요.

① 농부
② 은행가
③ 선생님
④ 여종업원

- order 주문하다
- anything 어떤 것
- No, thanks. 아니요, 됐어요.
- just 단지, 오직
- need ~이 필요하다
- wait 기다리다
- moment 잠깐, 잠시
- Wait a moment. 잠시만 기다리세요.
- farmer 농부
- banker 은행가
- waitress 여종업원

20

Script

G: I will become 9 years old this Wednesday.
B: Congratulations! Are you going to have a party?
G: Yeah, on Friday evening. Can you come?
B: Of course, I'd love to.

소녀: 나는 이번 수요일에 아홉 살이 돼.
소년: 축하해! 너 파티를 열 계획이니?
소녀: 응, 금요일 저녁에. 너 올 수 있니?
소년: 물론이지, 가고 싶어.

① 수요일에
② 목요일에
③ 금요일에
④ 토요일에

- become ~이 되다
- ~ years old 나이가 ~ 세인
- this Wednesday 이번 수요일에
- Are you going to ~? 너 ~할 계획이니?
- have a party 파티를 열다
- I'd love to. 나는 그러고 싶어.

21

Script

G: Shall we go hiking today?
B: Sorry, but I can't. I need to go to a museum.
G: Why do you have to go there?
B: I have homework about Korean history.

소녀: 우리 오늘 하이킹 갈까?
소년: 미안하지만, 나는 못 가. 나는 박물관에 가야 하거든.
소녀: 왜 거기에 가야 하는데?
소년: 나는 한국 역사에 대한 숙제가 있어.

① 박물관으로
② 산으로
③ 서점으로
④ 놀이공원으로

- Shall we ~? 우리 ~할까?
- go hiking 하이킹 가다
- need to ~ ~해야 한다, ~할 필요가 있다
- museum 박물관
- have to ~ ~해야 한다
- about ~ ~에 대해
- bookstore 서점
- amusement park 놀이공원

22

Script

M: Are you busy, Kelly?
G: No. I'm just watering the flowers. Why?
M: Can you go to the supermarket and buy some eggs for me?
G: OK, Dad.

남자: 너 바쁘니, Kelly?
소녀: 아니요. 저는 꽃에 물을 주고 있을 뿐이에요. 왜요?
남자: 슈퍼마켓에 가서 계란 좀 사다 줄래?
소녀: 알겠어요, 아빠.

① 계란 사기
② 계란 요리하기
③ 정원 청소하기
④ 꽃에 물 주기

- busy 바쁜
- water 물을 주다
- some 약간의, 몇 개의
- ask A to ~ A에게 ~해 달라고 부탁하다
- cook 요리하다
- clean 청소하다

23

Script

G: I heard you have a foreign classmate.
B: Yes. His name is Andrew.
G: Where is he from?
B: He's from the U.S.A.

소녀: 나는 너한테 외국인 반 친구가 있다고 들었어.
소년: 응. 그의 이름은 Andrew야.
소녀: 그는 어디에서 왔니?
소년: 그는 미국에서 왔어.

① 그는 키가 150cm야.
② 그는 열 살이야.
③ 그는 아주 잘생겼어.
④ 그는 미국에서 왔어.

- hear 듣다 (hear-heard-heard)
- foreign 외국의
- classmate 급우, 반 친구
- ~ tall 키가 ~인
- ~ years old 나이가 ~세인
- handsome 잘생긴

24

Script

M: Sorry, I'm late. How long have you waited for me?
W: For about 30 minutes.
M: Oops. I'm really sorry.
W: That's alright.

남자: 미안해, 내가 늦었지. 나를 얼마나 오랫동안 기다렸니?
여자: 약 30분 정도.
남자: 이런. 정말 미안해.
여자: 괜찮아.

① 2시 30분이야.
② 내 기쁨인걸., 좋아서 한 일이야.
③ 괜찮아.
④ 나는 내 여동생을 기다리고 있어.

- how long　얼마나 오래
- wait for ~　~를 기다리다 (wait-waited-waited)
- for ~　~ 동안
- about　약, 대략
- minute　분 〈시간의 단위〉
- pleasure　기쁨, 즐거움
- My pleasure.　내 기쁨인걸., 좋아서 한 일이야. 〈감사 표시에 대한 답례〉
- That's alright.　괜찮아. 〈사과에 대한 답례〉

25

Script

B: What time do you usually get up?
G: At 7 o'clock.
B: Then, do you eat breakfast every morning?
G: Yes, I do.

소년: 너는 대개 몇 시에 일어나니?
소녀: 7시에.
소년: 그럼 너는 매일 아침에 아침 식사를 하니?
소녀: 응, 그래.

① 응, 그래.
② 아니, 그것은 그렇지 않아.
③ 응, 이른 아침이야.
④ 아니, 나는 잠을 잘 못 잤어.

- what time　몇 시에
- get up　일어나다
- eat breakfast　아침 식사를 하다
- every morning　매일 아침에
- early　이른, 빠른
- well　잘

26

Script

G: I'm so excited about meeting our new teacher.
B: What kind of teacher do you want to have?
G: I want to have a kind teacher. What about you?
B: Me, too.

소녀: 나는 우리의 새 선생님을 만나게 되어 아주 신이 나.
소년: 너는 어떤 유형의 선생님을 원해?
소녀: 나는 친절한 선생님이 생겼으면 해. 너는 어떠니?
소년: 나도 그래.

① 나도 그래.
② 어서 해.
③ 나는 친절하지 않아.
④ 그녀는 내 선생님이야.

- so　아주
- be excited about ~　~에 흥분하다, 들뜨다
- what kind of ~　어떤 종류 [유형]의 ~
- Me, too.　나도 그래.
- Go ahead.　어서 해.

27

Script

① The boy has an umbrella.
② The boy is wearing shorts.
③ The girl has a bag.
④ The girl is wearing glasses.

① 소년은 우산을 한 개 갖고 있다.
② 소년은 반바지를 입고 있다.
③ 소녀는 가방을 한 개 갖고 있다.
④ 소녀는 안경을 쓰고 있다.

- umbrella　우산
- be wearing　입고 있다
- shorts　반바지
- glasses　안경

28

Script

① You can have the pancakes for breakfast.
② The sandwich is cheaper than the soup.
③ The fried chicken costs 5 dollars.
④ There are two kinds of desserts.

① 당신은 아침 식사로 팬케이크를 먹을 수 있다.
② 샌드위치는 수프보다 더 값이 싸다.
③ 프라이드 치킨은 가격이 5달러이다.
④ 두 가지 종류의 후식이 있다.

	메뉴	
아침	팬케이크	3달러
	토스트	1달러
점심	샌드위치	3달러
	수프	2달러
저녁	프라이드 치킨	5달러
	스테이크	5달러
후식	파이	2달러
	아이스크림	1달러

• for breakfast　아침 식사로
• cheaper than ~　~보다 더 값이 싼
• soup　수프
• cost　(비용이) ~ 들다
• dessert　후식, 디저트

29

Script
① The boy is playing on the swing.
② The boy is on the playground.
③ The girl is sitting on the bus.
④ The girl is holding a book.

① 소년은 그네를 타고 있다.
② 소년은 놀이터에 있다.
③ 소녀는 버스에 앉아 있다.
④ 소녀는 책을 한 권 들고 있다.

• swing　그네
• play on the swing　그네를 타다
• playground　놀이터, 운동장
• sit　앉다 (sit-sat-sat)
• hold　들고 있다

30

Script
① M: Can I speak to Ashley?
W: This is she.
② M: Do you know the man over there?
W: Yes, he is Mr. Jones.
③ M: How are you today?
W: Here you are.
④ M: Is this your hat?
W: Yes, it is mine.

① 남자: Ashley와 통화할 수 있을까요?
여자: 전데요.
② 남자: 너 저기 있는 저 남자 아니?
여자: 응, 그는 Jones 씨야.
③ 남자: 너 오늘 기분이 어떠니?
여자: 여기 있어.
④ 남자: 이것이 너의 모자니?
여자: 응, 그것은 내 것이야.

• Can I speak to ~?　~와 통화할 수 있을까요?, ~좀 바꿔 주세요. 〈전화 대화〉
• This is she.　전데요. 〈전화 대화〉
• over there　저기에
• mine　내 것

31

Script
① M: Look at the bird!
W: It is so cute!
② M: How fast can you run?
W: For 5 hours yesterday.
③ M: What's your hobby?
W: Playing the piano.
④ M: Good night, Annie.
W: You too, Mark.

① 남자: 저 새 좀 봐!
여자: 그거 정말 귀엽다!
② 남자: 너는 얼마나 빨리 달릴 수 있니?
여자: 어제 다섯 시간 동안.
③ 남자: 너의 취미는 뭐니?
여자: 피아노 연주야.
④ 남자: 잘 자, Annie.
여자: 너도, Mark.

• loot at ~　~을 보다
• cute　귀여운
• how fast　얼마나 빨리
• hour　시간
• yesterday　어제
• hobby　취미
• You too.　너도.

32

Script
① M: I'm hungry.
W: Eat some cookies here.
② M: I feel sick.
W: Sorry to hear that.
③ M: When will you have lunch?
W: In 10 minutes.
④ M: Where are you going?
W: I live with my dad.

① 남자: 나는 배가 고파.
여자: 여기 쿠키 좀 먹어.
② 남자: 나 몸이 아파.
여자: 그 말을 들으니 안됐구나.

③ 남자: 너 점심 언제 먹을 거야?
여자: 10분 후에.
④ 남자: 너 어디에 가고 있니?
여자: 나는 우리 아빠와 같이 살아.

- some　약간의, 몇몇의
- feel sick　몸이 아프다, 토할 것 같다
- have lunch　점심을 먹다
- in 10 minutes　10분 후에
- live with ~　~와 같이 살다

Reading Part

33

abis**door**eaolll**bed**unxsvwinbawug**desk**isubo 문 침대 책상

- window　창문

34

cusms**leg**glemunfoietpexul**hand**enbiz**head**ir 다리 손 머리

- foot　발

35

① 그는 아주 조심성이 있다. ② 우리는 낚시를 하러 갈 거야. ③ 나는 북극곰 두 마리를 보았다. ④ 그녀는 자기 친구에게 전화를 걸고 있다.

③ polar bear → polar bears
two (둘) 이상의 수 다음에는 명사의 복수형이 와야 한다.

- careful　주의 깊은, 신중한
- go fishing　낚시하러 가다
- see　보다 (see-saw-seen)
- polar　북극의, 남극의
- bear　곰
- call　~에게 전화하다

36

① 그것은 Donna의 가방이다. ② 나는 편지를 한 통 쓴다[쓰고 있다]. ③ 너는 집에 가도 좋다. ④ James는 중국어를 할 줄 안다.

② am write → write 또는 am writing
be동사 뒤에서 일반동사가 -ing 형태로 쓰여 '~하고 있는 중이다'의 뜻을 나타낸다. 혹은 be동사를 빼고 일반동사만 쓸 수도 있다.

- write　쓰다
- letter　편지
- may　~해도 좋다
- go home　집에 가다
- Chinese　중국어; 중국의

37

나는 그 수업(에 대해) 질문이 하나 있다.

- class　수업, 학급
- question　질문
- about　~에 대해

38

나는 (배가 부르다), 그래서 나는 더 이상 먹을 수가 없다.

- not ~ anymore　더 이상 ~ 아닌
- full　배부른, 가득한
- I'm full.　나는 배가 부르다.
- light　가벼운
- warm　따뜻한

39

너의 생각들은 멋지게 (들린다)!

- see　보다
- smell　~한 냄새가 나다
- touch　만지다
- sound　~하게 들리다

40

Tim은 나에게 카드를 한 장 주었다.

① 나는 카드 한 장을 Tim에게 보냈다.
② 나는 Tim에게서 카드 한 장을 받았다.
③ Tim은 나에게 많은 선물을 주었다.
④ Tim은 카드 보내는 것을 좋아했다.

- give A B　A에게 B를 주다 (give-gave-given)
- send A to B　B에게 A를 보내다 (send-sent-sent)
- like -ing　~하는 것을 좋아하다 (like-liked-liked)

41

너 나와 함께 노래를 부를래?

① 너는 노래를 잘 부를 수 있니?
② 우리 같이 노래 부를까?
③ 너는 가수가 될 거니?
④ 너는 어느 가수를 가장 좋아하니?

- Will you ~? ~하겠니?
- well 잘
- Shall we ~? 우리 ~할까?
- which 어느, 어떤
- best 가장

42

당신을 만나서 반갑습니다.

① 당신은 오늘 멋져 보입니다.
② 당신을 만나서 반갑습니다.
③ 당신은 내게 아주 친절하시네요.
④ 당신을 다시 만나기를 바랍니다.

- glad 기쁜, 반가운
- hope to ~ ~하기를 바라다
- again 다시

43

A: 거기 누구세요? B: 나야, Maria! A: 들어오세요. B: 고마워.

① 그것 참 안됐네요. ② 조용히 해주세요.
③ 들어오세요. ④ 당신은 거기에 없었어요.

- quiet 조용한
- Be quiet! 조용히 해라!

44

A: 어떻게 도와 드릴까요? B: 이 치마 파란색으로 있나요? A: 아니요, 우리는 갖고 있지 않아요. B: 그럼 녹색 치마는 있나요?

① 아니요, 그것은 녹색이 아니었어요.
② 네, 내가 그 치마를 만들었어요.
③ 아니요, 우리는 갖고 있지 않아요.
④ 네, 그것은 나에게 잘 어울립니다.

- this ~ 이 ~
- then 그럼, 그러면
- make 만들다 (make-made-made)
- look good on ~ ~에게 잘 어울리다

45

A: 너 어느 초등학교에 다니니? B: 나는 Kennedy 초등학교에 다녀. A: 너 몇 학년이니? B: 나는 5학년이야.

① 학교는 얼마나 떨어져 있니?
② 너 몇 학년이니?
③ 너는 학교에 어떻게 가니?
④ 너는 언제 그 학교에 들어갔니?

- elementary school 초등학교
- go to school 학교에 다니다, 등교하다
- grade 학년; 성적; 등급
- 5th (= fifth) grade 5학년
- how far 얼마나 멀리
- enter 들어가다

46

1. 너는 얼마나 자주 레스토랑에서 식사를 하니? 2. 일주일에 한 번. 4. 너는 어떤 종류의 레스토랑에 가는 것을 좋아하니? 3. 나는 일식 레스토랑에 가는 것을 아주 좋아해.

- how often 얼마나 자주
- once 한 번
- once a week 일주일에 한 번
- Japanese 일본의
- kind 종류

47~48

친구들에게! 내 특별한 영화의 밤에 와줘. 우리는 'The Missing Cat (없어진 고양이)'을 같이 볼 거야. 우리 집으로 와 Pine Street 163 오후 6 ~ 10시 6월 14일 일요일 간식거리가 너희들에게 제공될 거야! 만약 우리집을 찾지 못하면 305-024-1283로 내게 전화해 줘. - Alex로부터 -

47

손님들은 어느 영화를 보게 될 것인가요?
① 친구들 ② 소나무 집
③ 없어진 고양이 ④ 특별한 밤

48

다음 중 사실이 아닌 것은 무엇인가요?
① 이 행사는 7월 14일에 열릴 것이다.
② 손님들은 간식거리를 갖고 와야 한다.
③ 이 행사는 저녁 6시에 시작할 것이다.
④ 손님들은 장소를 못 찾으면 Alex에게 이메일을 보내면 된다.

• dear ~에게 〈편지 쓸 때 인사말〉
• special 특별한
• watch 보다
• missing 없어진, 실종된
• street 거리
• snack 간식
• ready 준비된
• call me at ~ 나에게 ~로 전화하다
• if 만약 ~라면
• find 발견하다
• place 집, 사는 곳; 장소
• pine 소나무
• guest 손님
• event 행사
• be held 개최되다
• should ~해야 한다
• bring 가지고 오다
• e-mail 이메일을 보내다

49~50

Hunt 선생님:	오늘 우리는 수업 시간에 크리스마스에 대해 이야기해 볼 거야. Jasmine, 크리스마스에 뭘 하는지에 대해 반 친구들에게 말해 보겠니?
Jasmine:	알겠어요. 우선, 우리 가족과 저는 크리스마스 트리 장식을 하죠.
Hunt 선생님:	그렇구나. 너는 너의 가족들에게 선물을 주니?
Jasmine:	네. 가족들도 저에게 선물을 줍니다.
Hunt 선생님:	멋지네. 그 밖에 다른 것도 하니?
Jasmine:	우리는 식사도 거창하게 해요.

49

Hunt 씨와 Jasmine은 어떤 사이인가요?
① 요리사 – 손님 ② 부모 – 딸
③ 선생님 – 학생 ④ 가게 점원 – 고객

50

Jasmine의 가족이 크리스마스에 하지 않는 일은 무엇인가요?
① 식사를 거창하게 하기
② 크리스마스 노래 부르기
③ 서로에게 선물하기
④ 크리스마스 트리 장식하기

• in class 수업 중에, 수업 시간에
• classmate 급우, 반 친구
• decorate 장식하다
• give A to B B에게 A를 주다
• present 선물
• member 구성원
• gift 선물
• what else 다른 어떤 것
• meal 식사
• relationship 관계
• between A and B A와 B 사이에

• cook 요리사 (cf. cooker 요리 도구)
• parent 부모
• store clerk 가게 점원
• customer 고객
• each other 서로

Writing Part

1

A: 너는 예쁜 인형을 하나 갖고 있구나.
B: 고마워. 나는 그것을 갖고 노는 것이 아주 좋아.

• pretty 예쁜
• love -ing ~하는 것을 아주 좋아하다
• play with ~ ~을 가지고 놀다

2

A: 와. 너 아주 높이 점프를 할 수 있구나!
B: 그럼. 나는 매일 연습을 해.

• high 높이; 높은
• practice 연습하다
• every day 매일

3

그 소년은 소녀를 보고 있다.

• look at ~ ~을 보다

4

나는 연필로 그림을 하나 그렸다.

• draw (연필, 펜 등으로) 그리다 (draw-drew-drawn)
• with ~을 가지고

5

지난 여름에, 나는 내 사촌을 보러 일본에 갔다. 나는 배를 타고 거기에 갔는데 아주 재미있었다.

• last summer 지난 여름에
• cousin 사촌
• there 거기에
• so 아주
• fun 재미있는
• airplane 비행기
• ship 배
• bike 자전거
• car 자동차

Level Up
TOPEL Jr.